Rallye Story 2002

Andrea Voigt-Neumeyer (Text)
McKlein, Daniel Roeseler (Fotos)

Präsentiert von

Die deutsche Rallye-Szene
hat ihren Meister gefunden:
Gratulation an Matthias Kahle
und sein Team.
Peter Göbel A-
Matthias Kahle AB+
ŠkodaService
sport auto
RECARO

sport auto
AvD
seit 1899
ŠkodaBank
JUKA Motorsport
sport auto

Aufbruch in fremde Welten – Gilles Panizzi ist im Peugeot 206 WRC einer der schnellsten Piloten auf Asphalt. Doch auf Schotter hat er nur wenig Erfahrung. Deshalb startet er bei der Safari-Rallye und sammelt dort Kilometer, Erfahrungen und Eindrücke

Xsara
TOTAL

Top-Star der Zukunft?
Der Citroën-Junior Sébastien Loeb besticht im roten Xsara nicht nur auf Asphalt, wie bei der Rallye Deutschland, wo er souverän siegt. Auch auf Schotter ist er schnell: Der Franzose beendet sein Afrika-Debüt bei der Safari-Rallye mit Rang fünf und zwei WM-Punkten

Die Wüste ruft – Der Marathon-Sport findet immer mehr Freunde. Deutschland erhält eine Marathon-Rallye. Und die Motorrad-Pilotin Andrea Meyer wechselt von zwei auf vier Räder – und steuert einen Mitsubishi Pajero

SPORT
GECO SPORT
GG-GR 49
GECO SPORT

Jede Sekunde zählt – In der Rallye-WM gibt nur noch eine Taktik: Attacke vom ersten bis zum letzten Meter. Oft entscheiden auf den Strecken – hier die Auftakt-Prüfung Passo Teglia bei der Rallye San Remo – nur wenige Sekunden über Sieg und Niederlage

CITROËN
Der ADAC.
Der Club für alle.
15
sport auto
M. KÖLBACH
S. HAAF
www.ldt.be
L.D.T.
MICHELIN
TOTAL

Neue Meisterschaft – Erstmals wird in Deutschland neben der Rallye-DM auch eine Deutsche Junior-Meisterschaft ausgeschrieben, die exklusiv Fahrern von Super 1600-Fahrzeugen vorbehalten ist. Sven Haaf und Beifahrer Michael Kölbach gewinnen den Titel mit einem Citroën Saxo Super 1600

Überflieger – Der Norweger Petter Solberg etabliert sich im Subaru-Werksteam. Er besticht mit starken Leistungen und findet durch seine beherzte Fahrweise viele Fans. Die Belohnung für den ehemaligen Tanzlehrer: In der Saison 2002 lässt er seinen Teamkollegen, den viermaligen Weltmeister Tommi Mäkinen, weit zurück

KIEKKOLEIJONAT

RACC CLUB
Telefonica MoviStar
fordfocus
Telefonica MoviStar
34
RACC CLUB
SACHS
PIRELLI

Flagge gezeigt – Ford Deutschland engagiert sich in der Rallye-WM und schickt Armin Kremer, den Europameister des Jahres 2001, mit einem Ford Focus RS WRC bei ausgewählten Rallyes an den Start

Impressum

Herausgeber:
Speedpool Multimedia-Service GmbH
Pickhuben 6, 20457 Hamburg
Telefon 040 / 300682-0
Telefax 040 / 300682-22
E-Mail: info@speedpool.com
www.speedpool.com

Text und Redaktion: Andrea Voigt-Neumeyer
Fotos: McKlein, Daniel Roeseler,
Burkhard Ditze, Achim Diesler, Bas ter Haar Romeny
Redaktionelle Mitarbeit: Jürgen Hahn, David Limage

Gestaltung: Sandra Weihe, Christina Blankenburg
Schlussredaktion: Alexander von Wegner

Reproduktion: PrePrint Gruppe, Hamburg
Druck: MOHN Media Mohndruck GmbH, Gütersloh

Vertrieb im Buchhandel:
HEEL Verlag GmbH
Gut Pottscheidt, 53639 Königswinter
Telefon 02223 / 92300
Telefax 02223 / 923013/26
E-Mail: service@heel-verlag.de
www.heel-verlag.de

Printed in Germany
ISBN 3-89365-961-7

VORWORT

HERMANN TOMCZYK

Liebe Rallyefreunde,

2002 geht in die Motorsport-Annalen ein als das Jahr, in dem Deutschland in die exklusive Gilde der Ausrichter eines Laufes zur Rallye-WM aufgenommen wurde. Darauf dürfen wir stolz sein. Die jahrelangen, intensiven Bemühungen des ADAC, in diesen illustren Kreis zu gelangen, machten sich letztendlich bezahlt. Ein Traum vieler Rallyefreunde in Deutschland, zu denen ich mich als ehemaliger Rallyepilot auch zähle, ist damit in Erfüllung gegangen.
Wir haben bei der ADAC Rallye Deutschland vier Tage lang großartigen Rallyesport gesehen. Auch die Organisation bewährte sich. Ich kann guten Gewissens sagen: Unsere Bilanz ist positiv, wir haben die WM-Feuertaufe bestanden. Es ist uns gelungen, der Rallyewelt gute Gastgeber zu sein. Das wurde mir immer wieder bestätigt.
Das Bessere ist der Feind des Guten. Das gilt für 2003. Wir werden alles daran setzen, die Rallye zu optimieren und aufgetretene Mängel - bei einer Premiere nicht ungewöhnlich - auszumerzen. Wir benötigen aber auch die Hilfe der Zuschauer. Ich möchte deshalb an die Vernunft aller Fans appellieren. Ich weiß, es sind nur wenige, die Sicherheitszonen verletzt haben. Die Folgen haben alle getroffen. Gemeinsam müssten wir das Problem aber in Griff bekommen.
Bilder von der Porta Nigra gingen um die Welt, die Rallye-Aktionen in den Weinbergen sorgten für ungewöhnliche Perspektiven, Baumholder ist ebenso ein außergewöhnliches Highlight wie der Straßenkurs in St. Wendel. Auch die imponierende Zuschauerkulisse trug zum positiven Gesamtbild bei. Nicht zu vergessen die gesamte Bevölkerung in der Rallye-Region, die diesen Event großartig unterstützt und mitgetragen hat.
Mein Dank gilt allen ehrenamtlichen Helfern sowie den Verantwortlichen, insbesondere dem ADAC Saarland, der als sportlicher Ausrichter der ADAC Rallye Deutschland in Zusammenarbeit mit unseren Freunden vom AvD eine Riesenleistung vollbrachte.
Die Entscheidung, sich um einen Lauf zur Rallye-WM zu bewerben, war verbunden auch mit der Hoffnung, dass die deutsche Rallyeszene nachhaltige Impulse erhält. Mit der ADAC Rallye Deutschland ist ein Prozess in Gang gesetzt worden. Das Interesse der Industrie für die Deutsche Rallye-Meisterschaft nimmt zu. Das ist wichtig. Denn ohne ihr Engagement wird es schwer, das zu erreichen, was wir alle wünschen: Dass möglichst bald wieder ein deutscher Pilot an der Spitze der Rallye-WM mitmischt.
Ich wünsche uns allen eine gute Deutsche Rallye-Meisterschaft 2003 und ich würde mich freuen, wenn ich auch vom 24. bis 27. Juli möglichst viele Rallyefreunde wieder zur ADAC Rallye Deutschland begrüßen könnte. Wir setzen alles daran, dass es erneut ein einzigartiges Rallye-Festival wird.

Hermann Tomczyk
ADAC Sportpräsident

Weltmeisterlich – Peugeot-Pilot Marcus Grönholm holt zum zweiten Mal nach 2000 den Titel in der Fahrer-WM

Abenteuer in der Wüste – Mitsubishi (rechts) feiert Erfolge im Marathon-Weltcup

Darsteller im WM-Zirkus – Armin Schwarz (links) wechselt von Skoda zu Hyundai. Der Norweger Petter Solberg (rechts) feiert in seiner zweiten Saison bei Subaru Podiumsplätze

WM-Einstieg – Citroën-Pilot Sven Haaf feiert sein Debüt in der Junior-WM

Allwetter-Sport – Rallye-Fans scheuen keine Witterung

Einzelkämpfer – Skoda-Pilot Matthias Kahle wird zum vierten Mal Deutscher Rallye-Meister

Jagd auf die

Peugeot dominiert die WM mit Richard Burns, Robert Reid, Marcus Grönholm, Timo Rautiainen,

Allround-Talente – Marcus Grönholm und sein 206

Asphalt-König – Gilles Panizzi

Silberlöwen

Gilles und Hervé Panizzi, Harri Rovanperä und Risto Pietiläinen

Motivator – Peugeot-Sportchef Corrado Provera

Bühne frei für die Hauptdarsteller der Rallye-WM im 30. Jahr der Weltmeisterschaft. Sieben Hersteller engagieren sich, zwei Dutzend Top-Piloten kämpfen um gute Zeiten und Punkte. Wer erfolgreich sein will, muss Vielseitigkeit beweisen: Auf Schnee in Schweden, Asphalt in Spanien und San Remo, auf materialmordenden Pisten in Kenia und ebenem Schotter in Finnland. Doch diese Vielseitigkeit beweist in der Saison 2002 vor allem ein Hersteller: Peugeot.

Die Rallye-WM wird zur „Formel Peugeot“. Allein bei den ersten elf Rallyes der Saison holen die „Silberlöwen“ siebenmal die Höchstzahl von 16 Punkten für die Marken-Weltmeisterschaft. Lange vor Saisonende ist die Meisterschaft entschieden – und Peugeot zum dritten Mal in Folge Marken-Weltmeister.

„Peugeot fährt eine eigene Rallye – und alle anderen hinterher“, klagt Ford-Mann Colin McRae bei der Rallye Finnland. Das Erfolgsrezept der eingeschworenen Truppe aus Vélizy bei Paris: Arbeiten. „Wir bereiten uns sehr genau auf die Einsätze vor und suchen ständig nach Verbesserungen“, kommentiert Peugeot-Sportchef Corrado Provera. Trotz eines großen Punkte-Vorsprungs wagt es der leidenschaftliche Zigarrenraucher lange nicht, an die Titelverteidigung zu glauben: „Alle Hersteller engagieren sich mit viel Geld in der WM. Auch sie werden alles tun, um erfolgreich zu sein.“

Doch Zeiten können sich ändern: Wie das Beispiel Mitsubishi zeigt. Das Team, das mit Tommi Mäkinen viermal den Weltmeister-Titel gewonnen hat, erringt bei den ersten zehn Läufen der Saison mit François Delecour und Alister McRae nur acht WM-Punkte. Am Jahresende verliert Mitsubishi den langjährigen Partner Marlboro – der Tabak-Multi Philip Morris wechselt für die nächsten vier Jahre zum erfolgreichen Peugeot-Werksteam.

Die stärksten Peugeot-Gegner sind Ford-Mann Colin McRae, der in

Weltreise mit 14 Stationen – Mitsubishi auf den Bergstraßen der Rallye Monte Carlo

Griechenland und Kenia siegt. Und der viermalige Weltmeister Tommi Mäkinen. Der 38 Jahre alte Finne wechselt nach sieben Jahren bei Mitsubishi zu Saisonstart zu Subaru. Beim Einstand in Monte Carlo siegt Mäkinen. Auch bei weiteren Rallyes sind die Zeiten des Finnen oft gut – doch Mäkinen leistet sich zu viele Fehler und scheidet häufig nach Unfällen aus.

Antreten zum traditionellen Gruppenbild – Überblick aller WM-Piloten beim Saisonauftakt in Monte Carlo

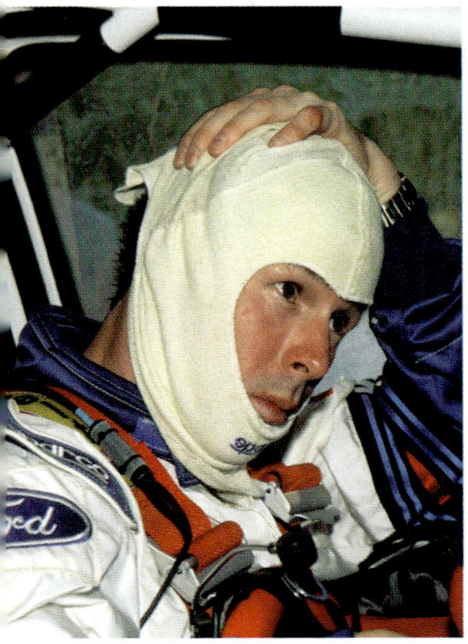

Enttäuscht – **Colin McRae muss sich geschlagen geben. Zum Saisonende verlässt er das Ford-Werksteam und geht zu Citroën**

Mäkinen ist nicht der einzige Team-Wechsler: Der Belgier Freddy Loix geht von Mitsubishi zu Hyundai und wird dort Teamkollege des Deutschen Armin Schwarz, der frustriert das Skoda-Team verlassen hat. Doch Schwarz wird an seinem neuen Arbeitsplatz auch nicht glücklich, er hadert mit dem Fahrverhalten des Hyundai. Schwarz ist nicht der einzige Deutsche in der WM: Armin Kremer, Rallye-Europameister des Jahres 2001, bekommt im Alter von 33 Jahren von Ford Deutschland die große Chance, einen Focus RS WRC bei sechs WM-Rallyes zu pilotieren. Er nutzt die Saison, um sich auf sein Heimspiel bei der ADAC Rallye Deutschland vorzubereiten. Doch Pech für ihn: Ausgerechnet beim Saisonhöhepunkt scheidet der Rallyefahrer aus Mecklenburg nach einem schweren Crash aus. Die Hauptdarsteller der Rallye-WM erinnern an eine Altherren-Liga: Mit Kenneth Eriksson, Juha Kankkunen, François Delecour, Carlos Sainz und Alt-Star Stig Blomqvist sind fünf Fahrer älter als 40 Jahre. Der lang erwartete Generationen-Wechsel bleibt auch in der Saison 2002 aus: Die alten Herren kleben in ihren Schalensitzen. Die Gründe sind offensichtlich, denn die Rallye-WM ist in den vergangenen

Team gewechselt – Armin Schwarz aus Deutschland verlässt Skoda und sucht sein Glück bei Hyundai

Einsteiger – Sébastien Loeb und Citroën-Teamchef Guy Fréquelin bei der Rallye Monte Carlo

zehn Jahren immer seniorentauglicher geworden: Rallyes, die von Freitag bis Sonntag dauern, ohne Nachtetappen, mit komfortablen Motorhomes am Service.

Das Training ist auf zweieinhalb Tage geschrumpft – die Zeiten, in denen Rallye-Piloten wochenlang unterwegs waren, um Aufschriebe zu erstellen, sind längst Vergangenheit. Und nicht zuletzt sind die World Rally Cars auch leichter zu fahren als die Generationen der Rallyeautos zuvor.

Einige der älteren Herren suchen in der Saison 2002 sogar neue Herausforderungen: Kenneth Eriksson wechselt ins Skoda-Werksteam und bestreitet eine komplette Saison am Steuer eines Skoda Octavia WRC. François Delecour, der sich mit dem Ford-Werksteam überworfen hat, versucht sein Glück im Jahr 2002 bei Mitsubishi.

Doch die Junioren warten in den Startlöchern: Der 21 Jahre junge Belgier François Duval bestreitet ein Doppelprogramm, er fährt einen Ford Puma in der Junior-WM und einen Ford Focus bei ausgewählten WM-Läufen. Der Finne Jani Paasonen kommt bei einigen Rallyes als dritter Mitsubishi-Werkspilot zum Einsatz. Sein Landsmann Juuso Pykälistö unterschreibt einen Test-Vertrag bei Peugeot.

Einen Schritt weiter ist Sébastien Loeb: Nachdem der 28 Jahre alte Franzose die Rallye Monte Carlo dominiert, aber wegen eines Fehlers des Teams den Sieg verliert, schafft er bei der ADAC Rallye Deutschland den ersten WM-Erfolg. In der Titelentscheidung spielt „Super Séb" keine Rolle: Sein Arbeitgeber Citroën bestreitet als WM-Neueinsteiger nur sieben von 14 WM-Rallyes, um sich auf die volle WM-Saison im Jahr 2003 vorzubereiten. Dann will Teamchef Guy Fréquelin mit Colin McRae und Loeb den Titel holen. Der Teamchef wählt für den neuen Xsara WRC 2002 vor allem harte Schotter-Rallyes, bei denen das Team noch Defizite hat. Doch auch dort behauptet sich Citroën erfolgreich: Thomas Radström fährt beim Safari-Debüt aufs Podium.

Die WM-Saison 2002 hat nicht nur neue Fahrer zu bieten: Mit der ADAC Rallye Deutschland wird erstmals seit zwei Jahren, ein neuer WM-Lauf aufgenommen. Die Premiere auf den Strecken in der Region um Trier findet viele Freunde: 230.000 Fans erleben McRae, Schwarz und Co live. ■

Premieren-Jahr – Armin Kremer aus Mecklenburg (unten links) steuert einen Focus von Ford Deutschland.
Mein Papa ist aber schneller – Gilles Panizzis Tochter (unten rechts) bei der Siegerehrung in Korsika

Alle Autos und Fahrer auf einen Blick

23 Fahrer, Copiloten und Autos von sieben Herstellern sind die Stars der WM 2002

Richard Burns

geboren: 17. Januar 1971
Geburtsort: Reading (GB)
größte Erfolge: 1993 Britischer Meister (Subaru)
2000 Vize-Weltmeister (Subaru)
2001 Weltmeister (Subaru)
Fahrzeug: Peugeot 206 WRC
Team: Peugeot Total

Beifahrer

Robert Reid

geboren: 17. Februar 1966
Geburtsort: Perth (GB)
größte Erfolge: 1999, 2000 Vize-Weltmeister mit Richard Burns (Subaru)
2001 Weltmeister mit Richard Burns (Subaru)

Marcus Grönholm

geboren: 5. Februar 1968
Geburtsort: Espoo (FIN)
größte Erfolge: 1998 Finnischer Meister (Toyota)
2000 Weltmeister (Peugeot)
Fahrzeug: Peugeot 206 WRC
Team: Peugeot Total

Beifahrer

Timo Rautiainen

geboren: 13. November 1964
Geburtsort: Espoo (FIN)
größte Erfolge: 1998 Finnischer Meister mit Marcus Grönholm (Toyota)
2000 Weltmeister mit Marcus Grönholm (Peugeot)

Carlos Sainz

geboren: 12. April 1962
Geburtsort: Madrid (E)
größte Erfolge: 1987, '88 Span. Meister (Ford)
1990 Weltmeister (Toyota)
1992 Weltmeister (Toyota)
Fahrzeug: Ford Focus RS WRC
Team: Ford Martini World Rally Team

Beifahrer

Luis Moya

geboren: 23. September 1960
Geburtsort: La Coruna (E)
größte Erfolge: 1990, '92 Weltmeister mit Carlos Sainz (Toyota)

Gilles Panizzi

geboren: 19. September 1965
Geburtsort: Menton (F)
größte Erfolge: 1996, '97 Französischer Meister (Peugeot)
Fahrzeug: Peugeot 206 WRC
Team: Peugeot Total

Beifahrer

Hervé Panizzi

geboren: 13. Juli 1967
Geburtsort: Menton (F)
größte Erfolge: 1996, '97 Französischer Meister mit Gilles Panizzi (Peugeot)

Harri Rovanperä

geboren: 8. April 1966
Geburtsort: Jyväskylä (FIN)
größte Erfolge: 1995 Finnischer Meister (Opel)
Fahrzeug: Peugeot 206 WRC
Team: Peugeot Total

Beifahrer

Risto Pietiläinen

geboren: 25. Juli 1963
Geburtsort: Jyväskylä (FIN)
größte Erfolge: 1995 Finnischer Meister mit Harri Rovanperä (Opel)

Colin McRae

geboren: 5. August 1968
Geburtsort: Lanark (GB)
größte Erfolge: 1995 Weltmeister (Subaru)
1996, '97 Vize-Weltmeister (Subaru)
Fahrzeug: Ford Focus RS WRC
Team: Ford Martini World Rally Team

Beifahrer

Nicky Grist

geboren: 1. November 1961
Geburtsort: Abergavenny (GB)
größte Erfolge: 1997 Vize-Weltmeister mit Colin McRae (Subaru)

Markko Märtin

geboren: 10. November 1975
Geburtsort: Tartu (EE)
größte Erfolge: 95 Estn. Formel 2-Meister (Lada)
1997, '98 Estn. Meister (Toyota)
Fahrzeug: Ford Focus RS WRC
Team: Ford Martini World Rally Team

Beifahrer

Michael Park

geboren: 22. Juni 1966
Geburtsort: Hereford (GB)

Armin Kremer

geboren: 4. Dezember 1968
Geburtsort: Crivitz (D)
größte Erfolge: 1996 Dt. Meister (Mitsubishi)
1998, 1999 Dt. Meister (Subaru)
2001 Europameister (Toyota)
Fahrzeug: Ford Focus RS WRC
Team: Ford Werke AG

Beifahrer

Dieter Schneppenheim

geboren: 12. Mai 1954
Geburtsort: Siegburg (D)
größte Erfolge: 2000, 2001 Deutscher Meister mit Matthias Kahle (Seat)

François Delecour

geboren: 30. August 1962
Geburtsort: Cassel (F)
größte Erfolge: 1993 Vize-Weltmeister (Ford)
Fahrzeug: Mitsubishi Lancer WRC
Team: Marlboro Mitsubishi Ralliart

Beifahrer

Daniel Grataloup

geboren: 19. Mai 1960
Geburtsort: Lyon (F)
größte Erfolge: 1993 Vize-Weltmeister mit François Delecour (Ford)

Tommi Mäkinen

geboren: 26. Juni 1964
Geburtsort: Puuppola (FIN)
größte Erfolge: 1996, '97, '98, '99 Weltmeister (Mitsubishi)
Fahrzeug: Subaru Impreza WRC
Team: Subaru World Rally Team

Beifahrer

Kaj Lindström

geboren: 31. Juli 1969
Geburtsort: Mikkeli (FIN)
größte Erfolge: 1999 Britischer Meister mit Tapio Laukkanen (Renault)

Petter Solberg

geboren: 18. November 1974
Geburtsort: Askim (N)
größte Erfolge: 1995, '96 Norwegischer Berg- und Rallycross-Meister
1998 Norweg. Meister (Toyota)
Fahrzeug: Subaru Impreza WRC
Team: Subaru World Rally Team

Beifahrer

Phil Mills

geboren: 30. August 1963
Geburtsort: Trefeglwys (GB)
größte Erfolge: 1997 Britischer Meister mit Mark Higgins (Nissan)

Alister McRae

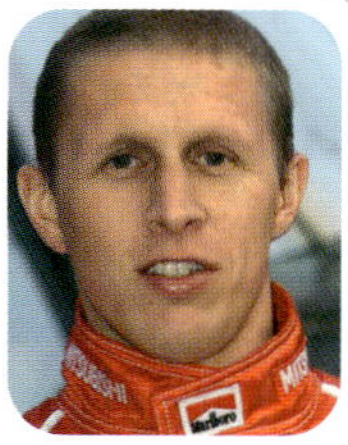

geboren: 20. Dezember 1970
Geburtsort: Lanark (GB)
größte Erfolge: 1992 Brit. Gr. N-Meister (Ford)
1995 Brit. Meister (Nissan)
Fahrzeug: Mitsubishi Lancer WRC
Team: Marlboro Mitsubishi Ralliart

Beifahrer

David Senior

geboren: 31. März 1964
Geburtsort: Barnsley (GB)
größte Erfolge: 1995 Britischer Meister mit
Alister McRae (Nissan)

Jani Paasonen

geboren: 11. April 1975
Geburtsort: Mäntyharju (FIN)
größte Erfolge: 2000 Finnischer Meister
(Mitsubishi)
Fahrzeug: Mitsubishi Lancer WRC
Team: Marlboro Mitsubishi Ralliart

Beifahrer

Arto Kapanen

geboren: 22. Dezember 1963
Geburtsort: Petäjävesi (FIN)

Achim Mörtl

geboren: 27. November 1970
Geburtsort: Klagenfurt (A)
größte Erfolge: 1999 Österreichischer Meister
(Subaru)
Fahrzeug: Subaru Impreza WRC,
Peugeot 206 WRC
Team: Subaru World Rally Team

Beifahrer

Klaus Wicha

geboren: 25. Oktober 1960
Geburtsort: Bad Karlshafen (D)
größte Erfolge: 1988 Deutscher Meister
mit Armin Schwarz (Audi)

Kenneth Eriksson

geboren: 13. Mai 1956
Geburtsort: Appelbo (S)
größte Erfolge: 1986 Gruppe A-Weltmeister (VW)
Fahrzeug: Skoda Octavia WRC
Team: Skoda Motorsport

Beifahrerin

Tina Thörner

geboren: 24. Februar 1966
Geburtsort: Säffle (S)

Toni Gardemeister

geboren: 31. März 1975
Geburtsort: Kuovola (FIN)
größte Erfolge: 1997 Finnischer F2 Champion (Nissan)
Fahrzeug: Skoda Octavia WRC
Team: Skoda Motorsport

Beifahrer

Paavo Lukander

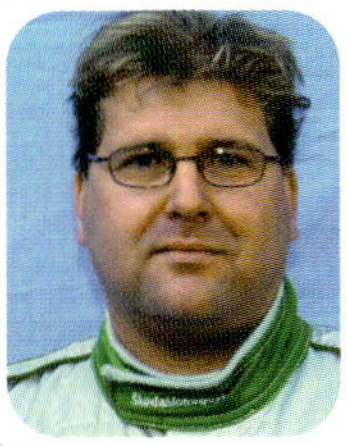

geboren: 26. März 1961
Geburtsort: Savitaipale (FIN)

Roman Kresta

geboren: 24. April 1976
Geburtsort: Zlina (CZ)
größte Erfolge: **2000,** 2001 Tschechischer Meister (Skoda)
Fahrzeug: Skoda Octavia WRC
Team: Skoda Motorsport

Beifahrer

Jan Tomanek

geboren: 5. September 1972
Geburtsort: Otrokovice (CZ)

Juha Kankkunen

geboren: 2. April 1959
Geburtsort: Laukaa (FIN)
größte Erfolge: 1986, 1987, 1991, 1993 Weltmeister (Peugeot, Lancia, Toyota)
Fahrzeug: Hyundai Accent WRC
Team: Hyundai Castrol World Rally Team

Beifahrer

Juha Repo

geboren: 31. Oktober 1957
Geburtsort: Espoo (FIN)

Thomas Rådström

geboren: 22. Januar 1966
Geburtsort: Vannas (S)
größte Erfolge: 1996, 1997 Schwedischer Meister (Toyota)
Fahrzeug: Citroën Xsara WRC
Team: Citroën Sport

Beifahrer

Denis Giraudet

geboren: 16. Dezember 1955
Geburtsort: Lorette (F)
größte Erfolge: 1996 Europameister mit Armin Schwarz (Toyota)

Armin Schwarz

geboren: 16. Juli 1963
Geburtsort: Neustadt an der Aisch (D)
größte Erfolge: 1987, 1988 Dt. Meister (Audi)
1996 Europameister (Toyota)
Fahrzeug: Hyundai Accent WRC
Team: Hyundai Castrol World Rally Team

Beifahrer

Manfred Hiemer

geboren: 23. Juni 1961
Geburtsort: Starnberg (D)
größte Erfolge: 1991 Deutscher Meister mit Erwin Weber (VW)
1992 Europameister mit Erwin Weber (Mitsubishi)

Freddy Loix

geboren: 10. November 1970
Geburtsort: Tongeren (B)
größte Erfolge: 1994 Belgischer Formel 2-Meister (Opel)
Fahrzeug: Hyundai Accent WRC
Team: Hyundai Castrol World Rally Team

Beifahrer

Sven Smeets

geboren: 12. Mai 1972
Geburtsort: Hasselt (B)

Sébastien Loeb

geboren: 26. Februar 1974
Geburtsort: Oberhoffen (F)
größte Erfolge: 2001 Französischer Meister, FIA Super 1600-Meister (Citroën)
Fahrzeug: Citroën Xsara WRC
Team: Citroën Sport

Beifahrer

Daniel Elena

geboren: 26. Oktober 1972
Geburtsort: Monte Carlo (MC)
größte Erfolge: 2001 Französischer Meister und FIA Super 1600-Meister mit Sébastien Loeb (Citroën)

Philippe Bugalski

geboren: 12. Juni 1963
Geburtsort: Busset (F)
größte Erfolge: 1998, '99, 2000 Französischer Meister (Citroën)
Fahrzeug: Citroën Xsara WRC
Team: Citroën Sport

Beifahrer

Jean-Paul Chiaroni

geboren: 25. Mai 1962
Geburtsort: Ajaccio (F)
größte Erfolge: 1992, '93 Franz. Meister mit Bernard Beguin (Ford)
1998, '99, 2000 Franz. Meister mit Philippe Bugalski (Citroën)

Arbeitsplatz – Blick ins Cockpit des Werks-Hyundai (oben). Neu – Hyundai-Heckspoiler (links)

Formel 1 auf Schotter

In technischen Spielerein stehen die modernen World Rally Cars den Formel 1-Autos kaum noch nach. „Es ist jedoch faszinierend, diese Technik in straßenzugelassenen Autos zu entdecken“, schwärmen Formel 1-Techniker

Neues Design – Akropolis markiert das Debüt eines neuen Flügels am Peugeot 206

Für Rallye-Piloten sind Rundstrecken-Rennfahrer „Kreiselaffen“, Leute, die „ewig im Kreis fahren“. Für Rallye-Fans wird wahrer Motorsport nicht auf einem staubfreien Asphaltband zwischen Leitplanken und endlos großen Kiesbetten ausgetragen. Brüchiger Asphalt, grober Schotter, Sand, Schnee und Eis – das sind die Untergründe, auf denen die Asse in der Rallye-WM ihr Können beweisen. Zwischen Bäumen, Häusern, in den Bergen und entlang tiefer Schluchten.

Für Techniker sind jedoch Rallye und Formel 1 gleichermaßen interessant: Beide Disziplinen verlangen das Maximum vom Material. Als Vaughan Cartwright, Mechaniker des BAR-Testteams in der Formel 1, auf Einladung seines Teamchefs David Richards zur Spanien-Rallye kommt, ist er begeistert: „Ich erkenne hier viel Technologie aus der Formel 1 wieder, doch es ist faszinierend, sie in straßenzugelassenen Autos mit Türen zu entdecken.“ Längst sind die modernen World Rally Cars Hightech-Boliden: Elektronische Differenziale und automatische Lenkradschaltungen sind Standard. Elektronische Spielereien sind erlaubt. „Rallyeautos haben nicht weniger Technik, sie sind nur anders“, so Steve Farrell, der neue Chefingenieur von Subaru, der zuvor im BAR-Team gearbeitet hat. „Ein Formel 1-Pilot muss sich während des Rennens nicht um die Abstimmung kümmern, das wird per Telemetrie von der Box aus erledigt.“ Im Gegensatz dazu: Das Rallyeauto befindet sich auf den Prüfungen außerhalb der Sicht und der Einwirkungsmöglichkeiten des Teams.

Doch die technische Weiterentwicklung in der Rallye-WM ist begrenzt: Motorleistung und Mindestgewicht schreibt das Reglement vor, ebenso die Anzahl der möglichen Homologationen. Einmal pro Jahr darf jedes Werksteam eine neue Version seines World Rally Cars für den Wettbewerb zulassen. „Bei der 2002er Version des Peugeot 206 WRC haben wir uns darauf konzentriert, Feinarbeiten zu machen“, erklärt Peugeot-Cheftechniker Michel Nandan. Keine Faulheit der Franzosen: Denn laut den Regeln des Weltverbandes FIA dürfen keine weiteren Veränderungen an inneren Komponenten des Motors vorgenommen werden. „Wir haben den Turbolader überarbeitet, um

Mobile Werkstätten – Blick von oben auf die Wirklichkeit in Korsika und eine Skizze des Aufbaus (daneben)

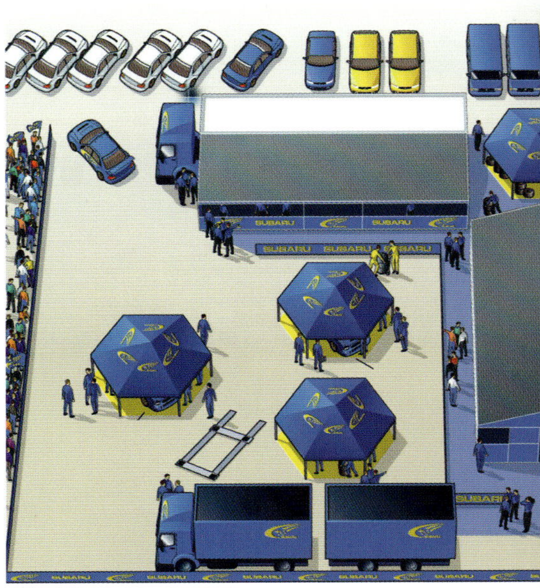

TECHNISCHE DATEN

	Citroën Xsara WRC
Motor	
Anordnung	vorn quer
Zylinderzahl	4
Ventile pro Zylinder	4
Hubraum (cm³)	1998
Bohrung x Hub (mm)	84,8 x 88,1
Leistung (PS)	300
bei 1/min	5500
max. Drehmoment (Nm)	520
bei 1/min	4000
Karosserie	
Länge/Breite/Höhe (mm)	4167/1770/1390
Radstand (mm)	2555
Typ	dreitürig, Fließheck
Gewicht (kg)	1230
Fahrwerk/Kraftübertragung	
Vorderradaufhängung	McPherson-Federbeine
Hinterradaufhängung	McPherson-Federbeine
Federn	Citroën
Dämpfer	Extrem Tech/Citroën
Bremsen	rundum innenbelüftete Scheibenbremsen Alcon-Bremsanlage
Kraftübertragung	sequenzielles 6-Gang-Getriebe (X-Trac)
Kupplung	AP
Differenziale vorn	elektronisch
hinten	elektronisch
Mitte	elektronisch
Reifen	Michelin

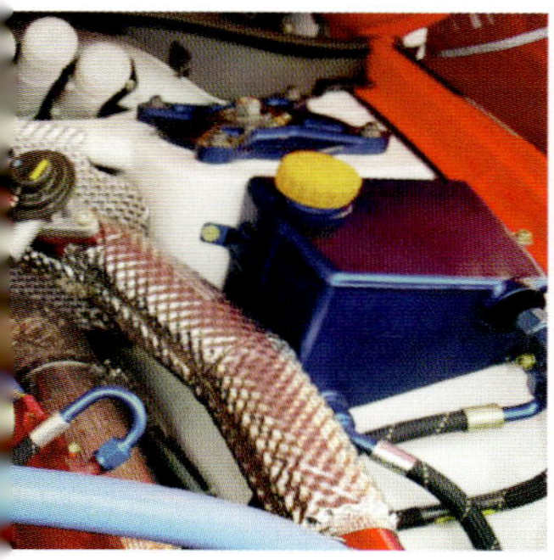

Herausforderung für Techniker – Arbeit am Ford-Service (oben links). Belastet bis an die Grenzen und darüber hinaus – Bremsscheibe des Werks-Ford Focus (oben). Kraft-Quelle – Mitsubishi-Motor (ganz links) Aufgeräumt – Cockpit im Peugeot (links)

Ford Focus WRC	Hyundai Accent WRC	Mitsubishi Lancer WRC	Peugeot 206 WRC	Skoda Octavia WRC	Subaru Impreza WRC
vorn quer	vorn quer	vorn quer	vorn quer	vorn quer	vorn längs (Boxer)
4	4	4	4	4	4
4	4	4	4	5	4
1988	1998	1996	1997,5	1999	1994
84,8 x 88	84 x 90	85,5 x 86,9	85 x 88	82,5 x 93,5	92 x 75
300	300	300	300	300	300
6500	5500	5500	5250	5500	5500
550	580	540	535	600	470
4000	3500	3500	3500	3250	4000
4152/1770/1420	4200/1770/1332	4360/1770/1395	4005/1770/1370	4511/1770/1429	4405/1770/1390
2615	2440	2600	2468	2512	2535
dreitürig, Fließheck	dreitürig, Fließheck	viertürig, Limousine	dreitürig, Fließheck	fünftürig, Limousine	viertürig, Limousine
1230	1230	1230	1230	1230	1230
McPherson-Federbeine	McPherson-Federbeine	McPherson-Federbeine	McPherson-Federbeine	McPherson-Federbeine	McPherson-Federbeine
McPherson-Federbeine	McPherson-Federbeine	McPherson-Federbeine	McPherson-Federbeine	McPherson-Federbeine	McPherson-Federbeine
Eibach	Eibach	Eibach	Eibach	Eibach	Eibach
Reiger	Proflex	Öhlins	Peugeot	Reiger	Bilstein/Prodrive
rundum innenbelüftete Scheibenbremsen	rundum innenbelüftete Scheibenbremsen	rundum innenbelüftete Scheibenbremsen	rundum innenbelüftete Scheibenbremsen	rundum innenbelüftete Scheibenbremsen	rundum innenbelüftete Scheibenbremsen
Brembo-Bremsanlage	Alcon-Bremsanlage	AP-Bremsanlage	Brembo-Bremsanlage	Alcon/AP-Bremsanlage	Alcon/Prodrive-Bremsen
sequenzielles 6-Gang-Getriebe (X-Trac)	sequenzielles 6-Gang-Getriebe (X-Trac)	sequenzielles 6-Gang-Getriebe (Invecs)	sequenzielles 5- oder 6-Gang-Getriebe (X-Trac)	sequenzielles 6-Gang-Getriebe (X-Trac)	elektro-hydraulisches 6-Gang-Getriebe (Prodrive)
Sachs	AP	AP	AP	Alcon	Alcon
elektronisch	elektronisch	elektronisch	elektronisch	elektronisch	elektronisch
elektronisch	elektronisch	elektronisch	elektronisch	mechanisch	elektronisch
elektronisch	elektronisch	elektronisch	elektronisch	elektronisch	elektronisch
Pirelli	Michelin	Michelin	Michelin	Michelin	Pirelli

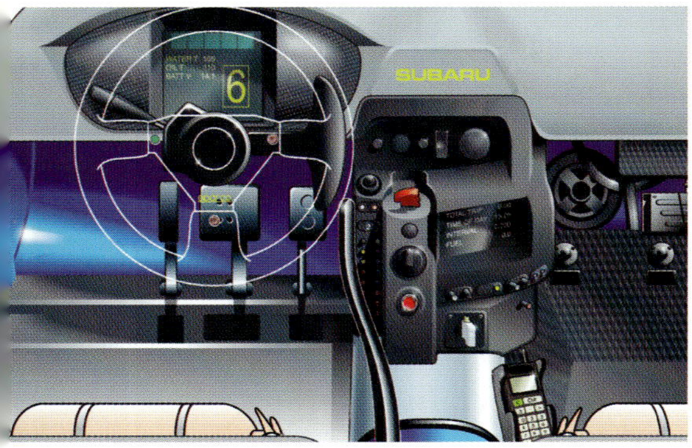

Arbeit für Spezialisten – Citroën-Service (oben).
Kommando-Zentrale – Subaru-Cockpit (links)

die Flexibilität des Motors zu verbessern", so Nandan. Auch die anderen Teams arbeiten an Gewichtsverteilung, Aerodynamik, Fahrwerk und Chassis. Eine Taktik der kleinen Schritte. Was auch die Ergebnisse belegen: Auf den Prüfungen ist es kaum noch möglich, große Vorsprünge herauszufahren.

Während die modernen World Rally Cars noch von außen an die zivilen Versionen vom Fließband erinnern, werden innen spezielle Komponenten verbaut. Ein Beispiel: Die Kupplung. Die ZF Sachs AG ist in der Rallye-WM Kupplungs-Lieferant für das britische Ford-Werksteam, in der Formel 1 ist der Schweinfurter Technologie-Riese bei Ferrari aktiv. Die härteste Bewährungsprobe für die Kupplung findet am Start einer Prüfung statt. Hier ist die Kupplung des Ford Focus RS WRC stärker belastet als die eines Formel 1-Boliden. Beim Start werden vom Fahrer zirka 650 Newtonmeter freigelassen. Zum Vergleich: In der Formel 1 reichen 400 Nm Drehmoment, um die Hinterräder durchdrehen zu lassen. Dabei ist GM FZ 3/140 Y – so der Name der Kupplung – ein Winzling. Die Reibscheiben haben lediglich 140 Millimeter Durchmesser, und das Gewicht beträgt 1600 Gramm. Die Serienkupplung für den Focus wiegt 4000 Gramm. Eine Serienkupplung mit vergleichbarer Leistung würde 20 Kilo auf die Waage bringen – das Gewicht einer Lkw-Kupplung.

Trotzdem hält eine Kupplung die volle Distanz eines WM-Laufs. Bei der Deutschland-Rallye zum Beispiel stolze 1449 Kilometer. Danach wird sie lediglich auf Verschleiß kontrolliert, meistens aber weiter verwendet.

Trotzdem rechnen die Ingenieure an jedem Service mit allem. Deshalb kann rein theoretisch die komplette Kupplung samt Betätigung dank Schnellverschlüssen innerhalb von fünf Minuten gewechselt werden. Das dauert bei den „Kreiselaffen" auch viel länger. ■

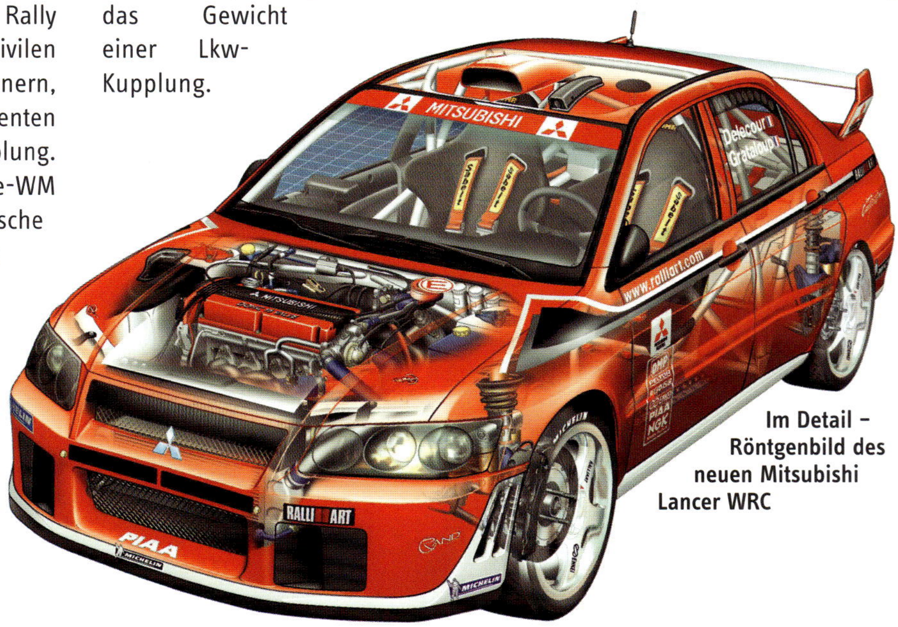

Im Detail – Röntgenbild des neuen Mitsubishi Lancer WRC

Die Rallye-Weltmeisterschaft 2002

Starke Leistung wird nicht belohnt – Citroën-Junior Sébastien Loeb fährt fehlerfrei und gewinnt auf dem Papier. Tage später verliert er seinen ersten Sieg, weil das Team einen Fehler gemacht hat

Schöne Kulisse – Der Servicepark der Rallye Monte Carlo ist im Hafen des Fürstentums (links). Cool – Sébastien Loeb (unten) behält Nerven und Führung

Viel Lob für Loeb

Ein neuer Star ist geboren: Sébastien Loeb führt bei seinem ersten Einsatz als Citroën-Werksfahrer das Feld souverän an. Die Sache hat nur einen Schönheitsfehler: Der Franzose verliert den Sieg nach der Rallye

Pilger-Stätte – Der Col de Turini (rechts) ist ein absolutes Muss für Fans. Wechselbad der Gefühle – Im Ziel glaubt Mäkinen, er hätte gesiegt (unten). Wenig später erfährt er, dass Loeb noch vorn ist. Erst Tage später darf sich Big Mäk freuen

Top 10-Resultat – So feiert der Finne Toni Gardemeister (oben) sein Debüt bei Skoda. Punkte für Petter – Subaru-Mann Solberg (rechts) fährt fünf Bestzeiten

Armin, der Zweite – Ford-Pilot Kremer (oben) braucht Zeit, um den Focus kennen zu lernen.
Rodeo – Weltmeister Richard Burns (links) schildert, wie er mit seinem Peugeot in Bocksprüngen auf die Strecke zurück findet

Wer ist hier der Boss? François Delecour kämpft mit dem schwierigen Handling des Mitsubishi

Punkte geholt – Colin McRae wird Vierter hinter seinem Ford-Teamkollegen Carlos Sainz

Für den Franzosen Sébastien Loeb geht bei der Rallye Monte Carlo ein Traum in Erfüllung: Er wird „echter" Werksfahrer. Citroën bestreitet als Einsteiger nur ein limitiertes Programm, doch Teamchef Guy Fréquelin hat beschlossen, den 28 Jahre jungen Loeb bei allen sieben Rallyes als zweiten Piloten neben Routinier Thomas Radström einzusetzen. Asphalt-Spezialist Philippe Bugalski darf nur sporadisch einen dritten Xsara steuern.

Loeb hatte drei Monate zuvor in San Remo als Gast mit einem Xsara den zweiten Platz errungen. Nun will der Sieger der Super 1600-Meisterschaft von 2001 zeigen, dass noch mehr in ihm steckt. Doch während Loeb im Blitzlichtgewitter der Fotografen steht, plagen ihn Sorgen: „Wir hatten einen Motorschaden im Shakedown-Test, Grund war ein defekter Motorblock." Weil kein neuer Motor verfügbar ist, muss er mit einem alten Triebwerk antreten. Was zunächst als Nachteil scheint, ist dann Loebs Rettung: Auf dem Weg zur ersten Wertungsprüfung fallen seine Teamkollegen Bugalski und Radström aus, weil an ihren Motoren durch einen Produktionsfehler der gleiche Defekt auftritt, wie am Tag zuvor bei Loeb. Für Citroën eine mittlere Katastrophe.

Der Junior, auf den sich die Hoffnung der Citroën-Werksmannschaft nun konzentriert, leistet einen fabelhaften Job und übernimmt auf der vierten Wertungsprüfung die Führung, baut sie bis zum Ende des Tages auf eine halbe Minute aus. Sein stärkster Verfolger ist Tommi Mäkinen, der bei seinem Debüt im Subaru Impreza von den ersten Metern an gute Zeiten fährt, aber nach einem Dreher hinter Loeb zurückfällt.

Peugeot – normalerweise auf Asphalt stark – spielt im Kampf um den Sieg keine Rolle: Gilles Panizzi parkt wegen eines Hydraulikdefekts zu lange am Service und kassiert eine Strafzeit. Weltmeister Richard Burns kostet eine spektakuläre Offroad-Einlage nach einem Sprung eine halbe Minute.

Auf der zweiten Etappe bleibt Sébastien Loeb vor Mäkinen, er fährt fehlerfrei und steckt den Erwartungsdruck

Alter Bekannter – Bruno Thiry (links) fährt bei einigen Rallyes einen Peugeot des Kronos-Teams. Gute Zeiten – Armin Schwarz (unten) ist zeitweise Vierter, fällt aber früh aus

Fehler – Manfred Stohl (oben) verliert sechs Minuten, Armin Schwarz (links) fällt aus

des Teams scheinbar locker weg. Dann passiert den Technikern ein Fehler, der am Ende den Sieg kosten wird: Anders als bei den übrigen WM-Läufen findet bei der „Monte" der Hauptservice am Morgen der nächsten Etappe statt. Abends ist lediglich ein kurzer Service erlaubt, bei dem Reifenwechsel ausdrücklich verboten sind. Doch die Citroën-Mechaniker rüsten Loebs Xsara verbotenerweise mit frischen Reifen aus. „Ein Versehen", so Teamchef Fréquelin. „Absicht", meint die Konkurrenz und argwöhnt, Citroën hätte durch die Aktion ein verbotenes System zur Luftdruck-Regulierung verborgen. Obwohl Loeb auf den frischen Pneus nur hundert Meter in den Parc fermé und am nächsten Morgen zum Service rollt, verhängen die Veranstalter eine zweiminütige Zeitstrafe.
Citroën legt Berufung ein, daraufhin wird die Strafe vorläufig ausgesetzt. Davon bekommt der zweitplatzierte Tommi Mäkinen nichts mit: Weil ihn sein Team nicht informiert, glaubt Big Mäk, er würde die Rallye anführen. Erst im Ziel sieht der Subaru-Pilot, dass Loeb als Erster über die Rampe fährt und reagiert stinksauer: „Nachdem wir von Sébastiens Zeitstrafe wussten, sind wir langsam gefahren. Hätte ich geahnt, dass die Zeitstrafe ausgesetzt wird, hätte ich attackiert."
Loeb ist glücklich, dass ihm schon beim vierten WM-Einsatz im World Rally Car der Durchbruch gelungen ist. „Ich fühle mich als Sieger. Für die Zuschauer wird der Kampf auf den Prüfungen ausgetragen, und dort haben wir gewonnen", erklärt er trotzig. Doch lange kann der Junior den Triumph nicht auskosten: Citroën wartet die Berufungsverhandlung, die eine endgültige Entscheidung bringen soll, nicht ab, sondern akzeptiert drei Tage nach der Rallye die Zeitstrafe. Loeb fällt damit auf Rang zwei zurück. Sieger ist der viermalige Weltmeister Tommi Mäkinen.

Kremers Chance

Ab der Rallye Monte Carlo engagiert sich Ford Deutschland in der Rallye-WM. Insgesamt sechsmal darf sich der 33 Jahre alte Mecklenburger Armin Kremer in der Saison 2002 mit der Weltspitze messen. Vorbereitet und eingesetzt wird sein 300 PS starker Ford Focus RS WRC mit technischem Stand von Ende 2001 von der Mannschaft von Erwin Weber aus Neufahrn bei München.
Beim Saisonstart sitzt noch Klaus Wicha auf dem Beifahrersitz, wenig später nimmt der Deutsche allerdings ein Angebot des Österreichers Achim Mörtl an. Neuer Beifahrer des aktuellen Europameisters Armin Kremer wird der Routinier Dieter Schneppenheim – ausgerechnet der Copilot von Kremers langjährigem Gegner Matthias Kahle.
Der Saisonauftakt in Monte Carlo ist zugleich die berühmteste und eine der schwierigsten Rallyes im WM-Kalender. Für Kremer ist es nach 1997 und 1998 bereits der dritte Einsatz im Süden Frankreichs. Der Deutsche trifft bei seinen WM-Gastspielen auf starke Konkurrenz: 29 World Rally Cars rollen beispielsweise vor dem Casino in Monte Carlo über die Startrampe. Der dreifache deutsche Meister und sein Teamchef Erwin Weber bleiben deshalb realistisch. „Wir haben bei den meisten Rallyes keine Streckenkenntnis", so Kremer. „Unser Ziel ist es, den Rückstand auf die etablierten Teams Schritt für Schritt zu verringern." Der Deutsche beendet sein Ford-Debüt mit Rang 15, verliert aber Zeit, als er bei einem Ausrutscher eine Mauer touchiert. Kremers Ziel ist, auf sein Heimspiel bei der Rallye Deutschland hinzuarbeiten, um dort mit guten Zeiten zu glänzen. Pech für den Ford-Piloten: Dort fällt er nach einem Unfall aus.

Große Aufgabe – Europameister Armin Kremer bestreitet für Ford sechs WM-Einsätze im Focus

Zweiter Triumph – Peugeot-Pilot Marcus Grönholm gewinnt nach 2000 zum zweiten Mal in Schweden

Heiß auf Eis

Heimspiel für Nordländer: Auf den vereisten Strecken der Schweden-Rallye sind die Schweden und Finnen traditionell stark. Wie bereits in den beiden Jahren zuvor geht der Sieg an Peugeot. Der Fahrer: Marcus Grönholm

Ohne Gefühl – Hyundai-Pilot Freddy Loix (großes Foto und unten) trägt nach seinem Unfall bei der Rallye Monte Carlo einen Gips. Das hindert ihn nicht daran, kräftig Gas zu geben

Die Schweden-Rallye ist die letzte Bastion der Nordländer: In 50 Jahren konnte niemals ein Nicht-Skandinavier bei der einzigen Winter-Rallye der Weltmeisterschaft siegen. Deshalb gilt es als besondere Herausforderung, die finnisch-schwedische Dominanz zu brechen. Der Mann mit den besten Aussichten: Ford-Pilot Carlos Sainz, der in sieben Einsätzen nicht weniger als fünfmal aufs Podium kletterte. Doch „El Matador" muss sich wieder einmal mit Rang drei begnügen. Sowohl Sainz als auch Teamkollege Colin McRae können das Tempo von Peugeot nicht mithalten. „Ihr Paket ist einfach besser", gibt Colin McRae voller Neid zu.

Für die Peugeot-Werkspiloten Marcus Grönholm und Harri Rovanperä ist der Winter-Klassiker etwas Besonderes. Beide konnten hier ihren ersten WM-Sieg feiern. Für Grönholm ist die Rallye zudem fast ein Heimspiel. Zwar stammt „Bosse" aus der Nähe der finnischen Hauptstadt Helsinki, doch er gehört dort der schwedischsprachigen Minderheit an. Außerdem legte der 34 Jahre alte Finne in der Saison 2000 mit seinem Schweden-Erfolg den Grundstein zum Titelgewinn.

So ist es keine Überraschung, dass nur Grönholm und Rovanperä um die Führung kämpfen. Der Rest des Feldes liegt nach dem ersten Tag bereits eine halbe Minute zurück: Weltmeister Richard Burns hält nach einem Ausrutscher an und kratzt Schnee aus dem Kühler seines Peugeot. Subaru-Pilot Tommi Mäkinen fällt nach einem Unfall mit Motorschaden aus. Sein Teamkollege Petter Solberg hadert mit Differenzialproblemen und Reifenschäden, am zweiten Tag ereilt auch ihn ein Motordefekt. Citroën-Junior Sébastien Loeb verliert zwei Minuten durch einen Dreher. Teamkollege Thomas Radström buddelt sieben Minuten lang seinen Xsara aus einer Schneewehe. Und Ford-Pilot Markko Märtin ist nach einem Unfall im Shakedown-Test gar nicht am Start.

Harte Arbeit – Thomas Radström (rechts) muss beim WM-Heimspiel den Werks-Citroën ausbuddeln

Die Überraschungen: Jani Paasonen liegt beim Debüt als dritter Mitsubishi-Werksfahrer lange Zeit vor seinen erfahrenen Teamkollegen und beendet den ersten Tag als Vierter. Doch auf der zweiten Etappe verliert das 26 Jahre junge Schwergewicht zunächst zwei Plätze durch einen Dreher, dann beschädigt er eine Felge. Im Ziel ist er über Platz 14 bitter enttäuscht: „Ich wollte doch Punkte holen..."

Auch Hyundai-Pilot Freddy Loix ge-

Auf dem Podium – Ford-Mann Carlos Sainz erreicht das Ziel als bester Nicht-Peugeot-Fahrer und ist zugleich der schnellste Nicht-Finne

Kurzer Auftritt – Tommi Mäkinens Subaru (oben) rollt mit Motorschaden aus. Die Techniker suchen am Auto von Petter Solberg (oben Mitte) nach einem Differenzial-Defekt.
Dumm – Markko Märtin (links) versenkt seinen Ford im Test und muss zugucken

ISC-Revolution

Die Rallye-WM wird zu einer Herausforderung für Computer-Spezialisten und zu einem Tummelplatz für Technik-Freaks und Fernseh-Teams. Die International Sportsworld Communicators (ISC), die Inhaberin von Fernseh- und Vermarktungsrechten, geht neue Wege in der Fernsehübertragung. In silbernen Trucks sind auf den Serviceplätzen hochmoderne TV-Studios untergebracht. Dort produzieren Fernseh-Reporter ihre Filme. Wie beispielsweise der britische Sender Channel 4, der die Fans in der Heimat von McRae und Burns täglich mit aktuellen Reportagen versorgt. Doch die ISC kümmert sich nicht nur um die TV-Vermarktung. Ab der Rallye Akropolis führt die Technologie-Firma drei neue satellitengestützte Software-Programme ein: Eine neue Zeitnahme, ein Rallye-Management-System sowie eine Sicherheits-Überwachung. Bei allen 14 WM-Rallyes kommt eine neue, satellitengestützte Zeitnahme-Einrichtung zum Einsatz. Das neue System, das die unterschiedlichen Zeitnahme-Apparaturen der örtlichen Veranstalter ablöst, kann nicht nur Zwischenzeiten und WP-Ergebnisse übermitteln. Zusätzlich Features sind Telemetrie-Daten, wie Geschwindigkeiten und Drehzahlen - oder auf Wunsch auch die Herzfrequenzen der Fahrer. Totale Kontrolle: Über GPS werden jederzeit Positionen und Geschwindigkeiten aller 90 Teilnehmer registriert. Außerdem sind die Rallyeautos mit Sicherheits-Konsolen ausgerüstet, die im Notfall Kontakt zum Rallye-Zentrum und Sicherheitshubschrauber herstellt. Im Falle eines Unfalls können die Veranstalter sofort geeignete Rettungsmaßnahmen einleiten.

Technologie-Zentrum – In den silbernen ISC-Trucks sind mobile TV-Studios untergebracht

Junge Wilde und alte Meister – François Duval (ganz oben) im Focus und Mitsubishi-Junior Jani Paasonen (oben) glänzen mit guten Zeiten und leisten sich Ausrutscher. Veteran Stig Blomqvist (rechts) fährt im Skoda auf Platz 15

lingt eine Überraschung. Er muss mit einem speziellen Gips fahren, weil er sich bei einem Unfall bei der Rallye Monte Carlo einen Fuß gebrochen hatte. „Ich habe keine Schmerzen. Wenn ich beim Linksbremsen aufs Pedal trete, spüre ich nichts“, erklärt der Belgier. Vielleicht hilft ihm das fehlende Feingefühl: Er belegt nach dem zweiten Tag den hervorragenden vierten Rang. „Das Fahren macht Spaß“, strahlt Loix, der bei seinem alten Arbeitgeber Mitsubishi derartige Erfolgserlebnisse vermisste: „Der Hyundai ist ein perfektes Auto für mich.“
Pech für „Fast Freddy“: Wegen eines Aufhängungsdefekts scheidet er auf der drittletzten Prüfung aus.
Obwohl Vorjahressieger Harri Rovanperä die erste Etappe mit nur 0,9 Sekunden Rückstand hinter Grönholm beendet, ist er nicht glücklich: „Wir hatten ein Problem mit dem Gaspedal. Deshalb fehlte mir das Vertrauen, in der Kurve zu beschleunigen.“ Auch als sein Auto wieder einwandfrei funktioniert, hat der Finne keine Chance gegen seinen Teamkollegen. Denn „Bosse“ attackiert, fährt auf vier der fünf Prüfungen der zweiten Etappe Bestzeiten und baut seinen Vorsprung auf 50 Sekunden aus. „Der Kampf ist vorüber“, gibt sich Rovanperä geschlagen und konzentriert sich darauf, den zweiten Rang ins Ziel zu bringen. „Ich habe keine Chance, einen so großen Rückstand aufzuholen.“
Grönholm feiert seinen ersten Saisonsieg: „Ich bin begeistert. Wir wollten auf der zweiten Etappe attackieren und einen so großen Vorsprung herausfahren, dass wir zum Ende relaxen können. Der Plan ist perfekt aufgegangen.“

Geschafft! Peugeots Asphalt-Spezialist Gilles Panizzi genießt seinen ersten Saisonsieg. Und seine sonst so stille Ingenieurin Emily Lefur feiert kräftig mit

KORSIKA

WM

Asphalt-Löwen

Enge und kurvige Asphalt-Straßen, tiefe Schluchten und wechselhafte Wetterbedingungen: Die Rallye Korsika bietet ein perfektes Terrain für Peugeot-Pilot Gilles Panizzi

Zwei, die sich nicht mögen – Seit Jahren verbindet Richard Burns und Colin McRae eine herzliche Feindschaft (unten)

Abgestürzt – Colin McRae landet mit seinem Ford an einem Baum. Vierter – Philippe Bugalski im Citroën Xsara WRC (links)

Anfängerfehler passieren auch viermaligen Weltmeistern: Bei der Rallye Korsika ist Subaru-Pilot Tommi Mäkinen nervös. Nur wenige Monate zuvor hatte er hier einen schweren Unfall, bei dem Stammbeifahrer Risto Mannisenmäki einen Wirbelbruch erlitt. Deshalb ist Big Mäk erleichtert, als er sich dem Ende der ersten Prüfung nähert. Plötzlich schweigt Ersatz-Copilot Kaj Lindström: Die letzten 200 Meter stehen nicht im Gebetbuch. Denn Lindström nutzt einen Aufschrieb von 2001 – nur damals war die Prüfung kürzer. „Wir sind den Rest auf Sicht gefahren", lacht Mäkinen. „Vor der nächsten Prüfung war ich so aufgeregt, dass ich beinahe einen Fehlstart hatte."

Trotzdem ist der Subaru-Pilot zwischendurch Dritter – und damit bester Nicht-Peugeot. Doch Korsika bringt ihm kein Glück. Der siebte Einsatz auf der Insel endet mit Ausfall Nummer fünf: Bei einem Ausrutscher beschädigt er das Fahrwerk so stark, dass er aufgeben muss. Null Punkte für Mäkinen und fehlende Kilometer für den neuen Subaru WRC 2002, der auf Korsika sein Debüt gibt (siehe Randthema). Kleiner Trost: Teamkollege Petter Solberg sammelt mit Rang fünf zwei WM-Punkte.

Ein neues Auto gibt es auch bei Hyundai: 80 Prozent der Teile des Accent WRC3 sind neu entwickelt oder überarbeitet. Ein leichterer Motor mit verändertem Ansaugtrakt und neuem Turbolader sorgt für besseres Ansprechverhalten und ein breiteres Drehzahlband. Fahrer Armin Schwarz fällt durch einen Reifenschaden zunächst aus den Top 10, kämpft sich bis auf Rang acht vor – nur um auf der letzten Prüfung durch einen Defekt an der Servolenkung auf Platz 13 abzurutschen. „Es war harte Arbeit", stöhnt der Deutsche, der mit aller Kraft gegen die starre Lenkung kämpft und trotzdem auf der 31 Kilometer langen Abschlussprüfung drei Minuten verliert.

Peugeot-Dominanz an der Spitze: Gilles Panizzi übernimmt auf der ersten Etappe mit einer Reihe von Bestzeiten die Führung und hat bereits nach vier Prüfungen 16 Sekunden Vorsprung. Dann setzt Regen ein, Teamkollege Marcus Grönholm profitiert von seiner frühen Startposition und verkleinert den Rückstand. „Trotzdem bin ich zuversichtlich", so Panizzi. „Wir haben eine sehr gute Abstimmung, das Auto ist einfach zu fahren." Weltmeister Richard Burns ist Dritter – noch immer hat er Probleme, sich an den kleinen Peugeot zu gewöhnen: „Wir analysieren die Daten. Gilles ist in den Kurven immer früher auf dem Gas als ich."

Die Ford-Piloten sind nur bei feuchten Bedingungen schnell. Der beste Ford-Mann ist Colin McRae, aber er verschenkt auf der vorletzten Prüfung seinen vierten Platz. „Es war eine Linkskurve, auf die eine Rechtskurve folgte", erklärt Beifahrer Nicky Grist. „Wir sind auf der matschigen Strecke untersteuernd gegen einen Baum gerutscht." Der Ford wird stark beschä-

In Eile – Peugeot-Pilot Marcus Grönholm hastet zur Zeitkontrolle

Dicke Arme – Armin Schwarz (oben) kämpft im neuen Hyundai Accent WRC gegen eine defekte Servolenkung. Zufrieden – Subaru-Pilot Mäkinen (rechts) ist zeitweise Dritter, fällt aber mit Aufhängungsdefekt aus

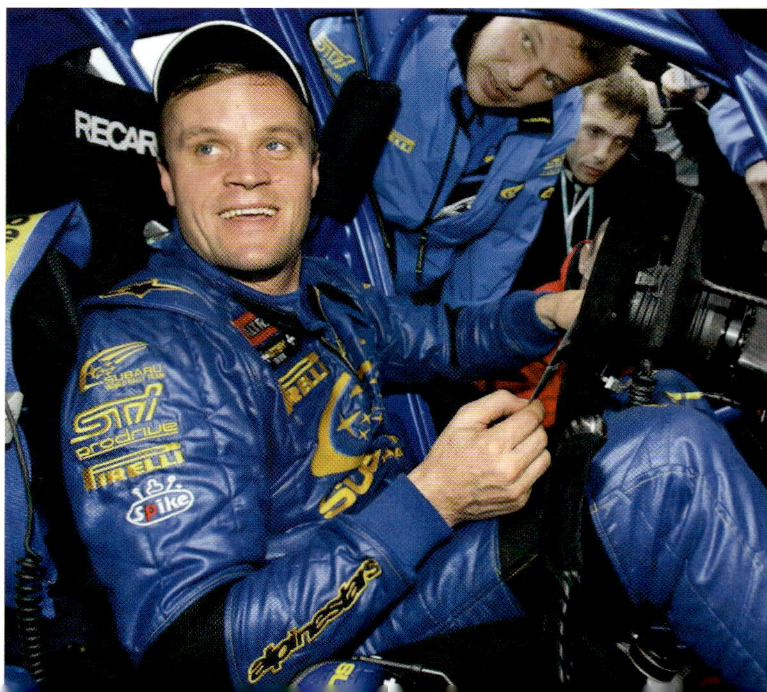

Siebter – François Delecour (links) im Mitsubishi. Nachwuchs-Hoffnung – Der Österreicher Beppo Harrach (unten) holt im Mitsubishi erste Gruppe N-WM-Punkte. Arbeits-Essen – Skoda-Pilot Kenneth Eriksson und Co Tina Thörner (unten Mitte) dinieren mit Teamchef Pavel Janeba

In Action – Ford-Pilot Carlos Sainz (links) und Peugeot-Privatier Achim Mörtl (oben)

digt, McRae bricht sich einen Finger als seine Hand zwischen Lenkrad und Armaturenbrett gequetscht wird.
Nur ein Pilot kann zeitweise das Tempo der silbernen Löwen mitgehen: Philippe Bugalski. Weil Citroën jedoch nicht offiziell antritt, ist der Werkspilot in einem privaten Xsara unterwegs und verliert am ersten Tag viel Zeit. „Mir fehlt Fahrpraxis“, glaubt „Bug“, der erstmals nach fünf Monaten wieder im Cockpit sitzt. Am Ende profitiert er von McRaes Unfall und wird Vierter. Peugeot gelingt mit den Plätzen eins, zwei und drei von Gilles Panizzi, Marcus Grönholm und Richard Burns völlig ungefährdet der erste Dreifach-Sieg eines Herstellers seit sechs Jahren. Und Gilles Panizzi ist überglücklich: „Dies ist der beste Sieg meiner Karriere. Ich habe vom Start an geführt und wir waren sowohl im Trockenen als auch bei nassen Bedingungen schnell. Seit meinen Tagen in der französischen Meisterschaft habe ich nicht mehr so stark attackiert.“ ■

Neuer Subaru

Bei der Rallye Korsika tritt das Subaru-Werksteam erstmals mit der 2002er Version des Impreza an. „Das Auto ist mehr eine Evolution als eine Revolution“, so Teamchef David Lapworth. Denn einige Komponenten wurden bereits in der Saison 2000 eingesetzt, während das komplette Auto mit viertüriger Karosse bei der Rallye Monte Carlo 2001 sein Debüt feierte. Auf dessen Basis wurde der 2002er Impreza entwickelt.
„Die 2002er Version des Impreza hat kleinere Veränderungen an der Aerodynamik, vor allem der Frontsplitter ist tiefer. Eine flexible Frontlippe ist haltbarer - und sorgt für mehr Abtrieb“, erklärt der Teamchef. Weitere Veränderungen betreffen den Motor: Schwungrad, Gaspedal und Turbolader wurden weiter entwickelt. „Eine neue Auspuff-Anlage sorgt für mehr Motorleistung“, so Lapworth. Bei der Weiterentwicklung sind die Teams an die Homologations-Regeln des Weltverbandes FIA gebunden. Einmal pro Jahr darf eine neue Version des Modells für den Motorsport zugelassen werden. Jede Homologation bedarf einer genauen Planung, denn sobald ein Fahrzeug oder ein Motor homologiert und im Wettbewerb eingesetzt wird, darf ein Werksteam nicht mehr auf früher homologierte Fahrzeuge oder Triebwerke zurückgreifen. In der Praxis funktioniert es so, dass zwei Inspektoren des Weltverbandes FIA und ein neutraler Beobachter die Basis des Werksteams besuchen und das neue Auto besichtigen. Dabei werden 20 vorbereitete Kits überprüft, ob sie dem WRC-Reglement entsprechen. Komponenten wie Bremsen, Kraftübertragung und Aufhängungsteile gelten als „variable Einheiten“. Sie dürfen viermal pro Jahr neu homologiert werden.

Neue Frontlippe – Der Subaru Impreza feiert auf Korsika sein Rallye-Debüt

Gold-Finger

Ein gebrochener Finger sorgt für Schlagzeilen. Kann Ford-Pilot Colin McRae mit seinem angeknacksten Knochen fahren? Oder lässt er den Finger amputieren? Soviel vorweg: Der Finger bleibt dran – und McRae holt einen WM-Punkt

Behindert – Colin McRae (unten) startet mit bandagiertem Finger. Die Schaltung seines Ford Focus wird extra umgebaut, damit der Schotte leichter die Gänge wechseln kann

Auf dem Podium – Philippe Bugalski (links und rechts) ist anfangs mit dem Handling seines Citroën nicht glücklich. Er wird Dritter, kann Peugeot aber nicht unter Druck setzen

Spuren im Asphalt – Wer nicht glaubt, dass Gilles Panizzi Zeit für einen Doughnut hat, findet den Beweis auf der Straße (oben)

Ein kleiner Finger sorgt für großen Wirbel. Bei seinem Crash auf Korsika hatte sich Ford-Pilot Colin McRae den linken kleinen Finger gebrochen. In Spanien dreht sich alles um den verknacksten Knochen. Fährt McRae oder nicht? Kann er mit der bandagierten Hand die Joystick-Schaltung betätigen? Höhepunkt der Hysterie: Es kommen Gerüchte auf, der Rallye-Star würde seinen Finger für einen WM-Sieg amputieren lassen. Wer aber darauf spekuliert, McRae ließe zwischen Shakedown und Start schnell den lästigen Finger abschneiden, wird enttäuscht. Ärzte hatten den Schotten lediglich gewarnt, dass er im Falle eines erneuten Bruchs die Beweglichkeit des Gelenks einbüßen könnte. Von einer Amputation ist McRae also weit entfernt. Seine Hand wird fest bandagiert, zudem rüstet das Ford-Werksteam den Focus eigens mit einer zweiten Joystick-Schaltung am Lenkrad aus. So kann der Schotte wählen, mit welcher Hand er die Gänge einlegt.

Die Verletzung behindert McRae kaum: Immerhin liegt der Weltmeister von 1995 mit Rang sieben nach dem ersten Tag nur knapp außerhalb der Punkte: „Ich versuche, sehr präzise zu fahren, denn ich möchte keinen Ausrutscher riskieren, bei dem vielleicht meine Hand noch stärker verletzt wird."

Fünf Sekunden hinter ihm liegt Teamkollege Carlos Sainz. Der Spanier ist ebenfalls gehandicapt: Bei einem Testunfall am Tag vor dem Training hatte er schwere Prellungen erlitten. Beifahrer Luis Moya muss mit gebrochenen Rippen, ausgeschlagenem Zahn und Schnittwunden in der Zunge zu Hause bleiben. Für Sainz eine Katastrophe: Bis auf die ersten drei Rallyes hat er 15 Jahre lang alle 154 WM-Einsätze mit Moya bestritten. Ein schwerer Job für Ersatz-Copilot Marc Marti, nicht zuletzt weil Sainz sehr detaillierter Aufschrieb extrem schnelles Lesen erfordert. Als sich Marti und Sainz endlich aneinander gewöhnt

Mit Muskelkraft – Toni Gardemeister und Paavo Lukander schieben ihren defekten Skoda Octavia WRC einen Kilometer ins Ziel (unten links). Aushilfe – Marc Marti (unten rechts) ersetzt den verletzten Luis Moya

Zugabe – Sieger Gilles Panizzi lässt seinen Peugeot 206 WRC für die Fans auf der letzten Prüfung kreiseln (oben links), danach geht's eilig zur Siegerehrung (oben rechts) an den Strand von Lloret de Mar

haben und Platz acht belegen, ist ihr Einsatz vorbei. Auf der zweiten Etappe herrscht Zuschauer-Chaos. Zwei Prüfungen werden abgesagt, weil die Strecke zugeparkt ist. Zwei Prüfungen später muss Sainz einem parkenden Auto ausweichen, kommt von der Linie ab und prallt heftig gegen eine Mauer. „Zwei schwere Unfälle in einer Woche", stöhnt er. „Mein armer Rücken."

Auch Tommi Mäkinen reist vorzeitig ab: Auf der letzten Prüfung des ersten Tages rutscht er von der Strecke und verliert zwei Minuten. Mäkinen rettet seinen überhitzten Subaru zwar nach Lloret de Mar in den Parc fermé, doch am nächsten Morgen scheidet er aus: Motorschaden. „Eine Folge unseres Unfalls", ärgert er sich.

An der Spitze dominiert Silber vor Rot. Zwei Peugeot vor zwei Citroën, so lautet lange Zeit die Reihenfolge. Wie auf Korsika sammelt Peugeot 16 Marken-WM-Punkte. Dieses Mal liegt Richard Burns auf Rang zwei – und verbucht sein bislang bestes Ergebnis am Steuer eines Peugeot. Schotter-Spezialist Marcus Grönholm hadert mit seinem Aufschrieb: „60 Prozent meiner Noten sind falsch. Ich komme mit dem Cutten nicht klar. Vor jeder Kurve überlege ich, ob ich über den Rand fahren soll

Der Oldie lässt's krachen – Stig Blomqvist im Skoda (unten).
Vier Schweden-Generationen (unten rechts) – Blomqvist (geboren '46), Kenneth Eriksson ('56), Thomas Radström ('66), Daniel Carlsson ('76)

Verbremst – Armin Kremer (oben) rutscht mit seinem Ford in einen Notausgang und verliert eine Minute. Er belegt Platz 15. Begeistert – Spanische Sainz-Fans (rechts)

oder nicht." Auf der letzten Etappe überschlägt sich der bis dahin viertplatzierte Citroën-Junior Sebastien Loeb und scheidet aus – Grönholm erbt Rang vier.

Citroën-Routinier Philippe Bugalski, der im Vorjahr beinahe in Spanien gewonnen hätte, ist mit Platz drei nicht zufrieden: „Ich habe anfangs Zeit verloren, weil mir das Vertrauen ins Auto fehlte." Dafür aber ist McRae glücklich: Sein verletzter Finger hat die Rallye ohne weitere Schäden überstanden. „Der WM-Punkt fühlt sich an wie ein Sieg", so McRae, der zum Ende auf Platz sechs aufrückt.

Der Sieger in Spanien: Peugeot-Pilot Gilles Panizzi. Er kassiert zehn von 15 Bestzeiten. „Dieser Sieg war leichter als der Erfolg auf Korsika, weil hier die Strecken durchweg trocken waren", lautet sein Fazit. Panizzis Vorsprung ist so groß, dass er auf der letzten Prüfung absichtlich einen Doughnut dreht – zur Begeisterung Tausender Fans, die auf einer Autobahnbrücke stehen und zuschauen. ■

Arbeit für die Hyundai-Techniker – Armin Schwarz ist mit dem Handling nicht glücklich. Am Ende belegt er Platz 16, Teamkollege Loix wird Zehnter

Katastrophen-Kuchar

Bei der Rallye Monte Carlo ist der junge Pole Tomasz Kuchar noch der glücklichste Mann in der WM-Szene: Überraschend wird der 25-jährige Pole ins Hyundai-Werksteam aufgenommen. Er soll die Asphalt-Rallyes als dritter Werksfahrer neben Armin Schwarz und Freddy Loix bestreiten. „Ich kann es nicht fassen, für mich waren diese Männer immer Stars, jetzt stehe ich neben ihnen auf dem Gruppenbild", gesteht Kuchar. Kein Wunder: Der Student stammt aus der Polnischen Rallye-Meisterschaft und hat bislang nur einige private WM-Einsätze bestritten. Wenige Wochen später hat Kuchar das Image des größten Pechvogels der Szene: Beim Debüt im Hyundai-Werksteam bei der Rallye Korsika klemmt auf der ersten Prüfung das Gaspedal. Nach der Prüfung muss Kuchar aufgeben, weil die Bremsen die Belastungen nicht aushalten. Beim Training vor dem nächsten Lauf in Spanien kommt ein Lastwagen von der Straße ab und kippt auf das Auto von Tomasz Kuchar und Beifahrer Maciej Szczepaniak. Die beiden Polen haben viel Glück im Unglück und überstehen den Crash mit leichten Verletzungen. Doch Kuchar kann nicht zur Rallye starten. Zum Trost bietet das Hyundai-Werksteam ihm einen Start bei der Zypern-Rallye an. Dort jedoch landet er nur auf Rang 14. Danach ist seine Karriere als Werksfahrer bereits beendet: Hyundai setzt den Junior nicht weiter ein. Bei der Rallye Finnland wird der private Toyota Corolla des Polen bei einem Unfall so stark zerstört, dass Kuchar auch auf seinen geplanten Start bei der Rallye Deutschland verzichten muss.

Kurze Karriere – Der Pole Tomasz Kuchar ist für wenige Einsätze der dritte Hyundai-Werksfahrer

Super, Sven!
Super, Saxo!
Super 1600
Deutscher Junior Rallye-Meister 2002
CITROËN
www.drm-dmsb.de
CITROËN BANK
TOTAL
PREPARED BY L.D.T.
rallye1.de
LDT-004
rallye1.de
MICHELIN
RECARO
RECARO
www.svenhaaf.de
Sven Haaf / Michael Kölbach, Citroën Saxo Super 1600
Dankeschön an das gesamte Team von Citroën!
CITROËN
NICHTS BEWEGT SIE WIE EIN CITROËN

Nervensache – Während Marcus Grönholm (großes Foto) eine fehlerfreie Rallye absolviert, zerstört Ford-Mann Colin McRae kurz vor dem Ziel seinen sicheren Sieg durch zwei Rollen (Fotoserie unten)

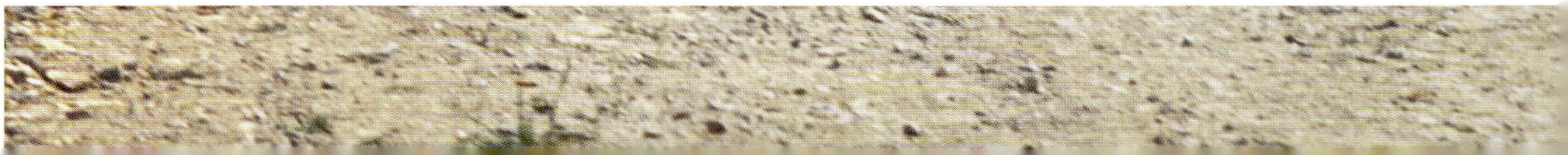

Rock and Roll

Sieg verschenkt – Ford-Pilot Colin McRae überschlägt sich kurz vor Ende der Rallye Zypern. Auch seine Wut hilft nicht: Der Erfolg geht an Peugeot-Pilot Marcus Grönholm

Glück gehabt – Tomasz Kuchar (rechts) crasht seinen Werks-Hyundai im Shakedown-Test, kann aber zur Rallye starten

In der Rallye-WM sind 26 Sekunden eine halbe Ewigkeit. In einem Sport, in dem ein Zucken am Gaspedal wichtige Zehntelsekunden kostet, kann sich Ford-Pilot Colin McRae glücklich schätzen: Sechs Wertungsprüfungen vom Ziel der materialmordenden Zypern-Rallye entfernt, hat er 26,2 Sekunden Vorsprung vor Marcus Grönholm im Peugeot. Und trotzdem verpatzt McRae den ersten Saisonsieg für Ford.

Zur Vorgeschichte: Ford, McRae und die Pirelli-Reifen sind auf Zypern die großen Favoriten. Denn in der Vergangenheit hat sich diese Kombination bei harten Rallyes als schwer schlagbar erwiesen. Und McRae, der in Spanien noch unter seinem gebrochenen kleinen Finger litt, ist wieder fit. Zudem gibt eine neue Bodenwanne dem Ford Focus mehr Bodenfreiheit – ein großer Vorteil auf den brutalen Schotter-Wegen im Hinterland der Touristenstadt Limassol. Doch Ford-Cheftechniker Christian Lorieux fühlt sich unter Druck: „Jeder erwartet, dass wir hier stark sind. Deshalb ist es extrem wichtig für uns, wirklich gut zu sein."

Für Ford läuft zunächst alles nach Plan: Die erste Bestzeit geht an Colin McRae, die zweite an Junior François Duval. Als Markko Märtin die nächste Bestzeit erringt, scheint die Dominanz der „Blauen" besiegelt. Nur Carlos Sainz verliert auf der ersten Etappe durch Defekte an Antriebswellen und Servolenkung so viel Zeit, dass für ihn der Sieg unerreichbar ist.

McRae erobert auf der ersten Etappe die Führung, aber WM-Spitzenreiter Marcus Grönholm bleibt ihm mit nur sieben Sekunden Rückstand auf den Fersen – und das, obwohl Grönholm als erster Starter schlechtere Streckenbedingungen vorfindet. Auf der zweiten Etappe kämpft sich Grönholm sogar bis auf 1,9 Sekunden an McRae heran. Doch McRae kommt das Wetter zu Hilfe. Auf der zwölften Wertungsprüfung bricht ein Unwetter los, innerhalb kürzester Zeit steht die Strecke unter Wasser. „Ich habe noch nie schlimmere Bedingungen erlebt", berichtet der Schotte. „Das Wasser steht in tiefen Rillen, das Auto schwimmt auf. Wenn man aus den Rillen herausfährt, landet man im tiefen Schlamm."

McRae kommt trotzdem gut zurecht: Er ist 15 Sekunden schneller als Grönholm und setzt sich damit von seinem Verfolger ab.

Unterdessen spielen sich im Schlamm Dramen ab: Harri Rovanperä, der sich kurz zuvor überschlagen hat, fährt platschnass mit einem reichlich lä-

Hart gelandet – Oldie Kankkunen. Einen Marken-Punkt geholt – Armin Schwarz (rechts mit seinen Hyundai-Kollegen Loix und Kankkunen) ist Siebter

Berufstätiges Paar – Richard Burns (links), Rallye-Weltmeister, verbringt seine Mittagspause mit Freundin Zoë, die für ein Fernsehteam in der WM arbeitet

Unwetter – Carlos Sainz (rechts) und Richard Burns (unten) kämpfen im Wasser

Rallye-Family – Petter Solberg, Pernilla Walfridsson und Sohn Oliver

dierten Peugeot, bei jedem Drift schwappt Matsch durch die zerborstenen Scheiben. Skoda-Pilot Roman Kresta rutscht von der Strecke. Sein Teamkollege Toni Gardemeister muss immer wieder anhalten und die Scheiben säubern, weil die Wischer ausgefallen sind. Mitsubishi-Mann Alister McRae, der am ersten Tag durch eine Serie von Antriebswellen-Defekten viel Zeit verloren hat, fällt mit einem Getriebeschaden aus.

Auf der dritten und letzten Etappe ist Colin McRae so weit in Front, dass ihm der Sieg kaum noch zu nehmen ist. Dann überstürzen sich die Ereignisse.

Stammgast Stohl

In der Rallye-WM zählt der Österreicher Manfred Stohl zu den routinierten Fahrern: Rund 60 Starts hat er bereits absolviert, dabei ist er erst 29 Jahre alt. „Und das ist mein Problem“, erklärt er. „Als ich mich bei den Werksteams vorgestellt habe, waren einige Herren erstaunt, wie jung ich bin. Sie kannten den Namen Stohl seit Jahrzehnten, denn sie verwechselten mich mit meinem Vater.“ Durch Vater Rudi kam „Stohlito“ früh in die WM. Jahrelang war er auf einem seriennahen Mitsubishi unterwegs, wurde im Jahr 2000 Gruppe N-Weltmeister. In der Saison 2002 gehen für den Junior zwei Träume in Erfüllung: Er gründet sein eigenes Team und setzt seriennahe Gruppe N-Autos für Kunden ein. Und er darf einen privaten Ford Focus RS WRC mit technischem Stand von 2001 (ein baugleiches Auto pilotiert Armin Kremer) bei ausgewählten WM-Rallyes fahren. Außerdem ermöglichen ihm seine Partner T-Mobile und die Mineralölfirma OMV eine Saison in der Österreichischen Meisterschaft. Bei seinem ersten Ford-WM-Einsatz auf Zypern macht Stohl mit guten Zeiten auf sich aufmerksam. Vor der letzten Etappe belegt er mit Beifahrerin Ilka Petrasko den elften Rang. Doch auf der ersten Prüfung des letzten Tages zeigt der Österreicher den Werkspiloten Markko Märtin und Colin McRae, was man mit einem Ford Focus RS anstellen kann: Als erster Ford-Pilot überschlägt sich „Stohlito“ und muss aufgeben. Die zweite WM-Chance lässt dann länger auf sich warten: Einen geplanten Start bei der Rallye Deutschland muss Manfred Stohl absagen, weil die benötigten Reifen nicht lieferbar sind.

Bruchlandung – Manfred Stohl belegt auf Zypern einen Top 10-Platz, dann fällt er nach einem Überschlag aus

Pech – Alister McRae hat einen Getriebeschaden

Ford-Junioren – Märtin (oben) rollt sich, François Duval (rechts) fährt eine Bestzeit und parkt mit Öldruckdefekt

McRae rollt sich auf der zwölften Prüfung: „Ich habe zu stark gecuttet, es war ein Stein im Gebüsch verborgen. Wir haben uns ganz langsam überschlagen, das Auto fiel wieder auf die Räder.“ Teamkollege Markko Märtin kugelt sich ebenfalls. Beide fahren weiter, verlieren aber durch defekte Lenkungen viel Zeit. McRae fällt auf Rang zwei zurück. Weil die Servolenkung duch den Unfall beschädigt ist, überschlägt er sich auf der drittletzten Prüfung noch einmal und fällt auf Platz sieben zurück. Ein Kraftakt auf der letzten Prüfung bringt dem Mann, der die Rallye so souverän angeführt hatte, noch einen WM-Punkt. Peugeot feiert einen Doppelsieg. „Wir hatten zwei gute Tage und einen schlechten“, meint McRae zerknirscht. Eine leichte Untertreibung... ■

Eibach® FEDERN
THE WILL To WIN
NEU!
Sportline - Sportfedern &
Sport-System -
Komplettfahrwerke
... für den professionellen
Racelook mit Tieferlegung
bis zu 50 mm.
Pro-Street/
Multi-Pro-Street -
Höhen- / höhen- und
leistungsverstellbare
Fahrwerke
NEU!
Pro-Spacer -
Aluminium-
Spurverbreiterungen
Eibach Projektfahrzeug Mitsubishi Evo VII -
ausgerüstet mit Pro-Street und Pro-Spacer
Tested to the extreme...
... in der Formel 1
... in der Rallye Weltmeisterschaft
MARTINI RACING OFFICIAL SUPPLIER
HYUNDAI Castrol OFFICIAL PARTNER
www.eibach.de

Der lachende Dritte – Carlos Sainz wird am Ende zum Sieger erklärt

Eine Rallye,

Jubel-Szenen – Als Carlos Sainz im Fussballstadion von Cordoba für die Fotografen posiert, ist er noch Zweiter hinter Richard Burns

ARGENTINIEN

WM

Wie gewonnen, so zerronnen – Richard Burns darf sich nur wenige Stunden über seinen ersten Peugeot-Sieg freuen

Sieger nach Zeiten – Marcus Grönholm ist der Schnellste

drei Sieger

Entscheidungs-Wirrwarr am Verhandlungstisch: Erst siegt Marcus Grönholm, dann Richard Burns und letztendlich Carlos Sainz

Enttäuscht – Grönholm fühlt sich betrogen.

Müde – Peugeot-Mitarbeiter geben in der Nacht eine improvisierte Pressekonferenz

Luis Moya sieht auf dem Flughafen in Cordoba reichlich mitgenommen aus. Die Siegesfeier der vergangenen Nacht hat Spuren hinterlassen. Der Beifahrer von Carlos Sainz erscheint im ramponierten Teamhemd und mit zerzausten Haaren zur Abreise. Er wuchtet seinen Koffer zum Check-in-Schalter und winkt der Peugeot-Truppe, die nebenan in der Schlange steht, fröhlich zu: „Vielen Dank für den Sieg, Leute.“ Die Franzosen gratulieren – und können sogar wieder lachen.

In Argentinien feiern Ford-Pilot Carlos Sainz und Luis Moya ihren ersten Sieg seit zwei Jahren und zugleich den kuriosesten Erfolg ihrer Karriere. Denn bis lange nach der Zielankunft verschwenden die Spanier keinen Gedanken an den Sieg. Sainz belegt wegen eines Lenkungsdefekts nach der ersten Etappe nur Rang fünf. Wie bei den Rallyes zuvor dominiert Peugeot: Tabellenführer Marcus Grönholm führt am ersten Tag mit 1.40 Minuten Vorsprung vor Tommi Mäkinen, der auf den letzten Prüfungen der ersten Etappe massive Probleme mit dem Getriebe hat. „Es war schrecklich, das Auto hat selbständig geschaltet – das hat locker anderthalb Minuten gekostet. Denn in den Spitzkehren starb der Motor ab. Wir haben angehalten und das elektronische System herunter- und wieder hochgefahren. Aber es hat nichts genutzt“, so der Subaru-Pilot. Er ist trotz Platz zwei enttäuscht: „Ich hätte den anderen Jungs abends im Nebel richtig Zeit abnehmen können...“

Dafür läuft der zweite Tag besser: Mäkinen verbucht vier von neun Bestzeiten und erobert mit nur 0,5 Sekunden Vorsprung die Führung vor Grönholm. Denn der Peugeot-Pilot verliert durch einen Defekt Zeit: Durch nachlassenden Hydraulikdruck arbeiten die elektronischen Differenziale nicht richtig, der Finne muss zudem die automatische Schaltung auf das manuelle System umstellen: „Das Auto war nur schwer zu kontrollieren.“

Eine perfekte Ausgangsposition für ein packendes Finale. Doch am letzten Tag überschlagen sich die Ereignisse: Morgens muss Mäkinen die Führung an Grönholm abtreten. Beim Gegenangriff macht „Big Mäk“ einen Fehler und verabschiedet sich auf der vorletzten Wertungsprüfung mit einem mehrfachen Salto. Mäkinen und Beifahrer Kaj Lindström bleiben unverletzt. Auch ein Fan, der fast von dem fliegenden Subaru getroffen wird, kommt mit dem Schrecken davon.

ARGENTINIEN

WM

Hoch geflogen und heftig abgestürzt – Subaru-Pilot Tommi Mäkinen führt die Rallye zeitweilig an, scheidet aber nach einem spektakulären Unfall aus

Gut gearbeitet – Mitsubishi-Pilot Alister McRae wird Achter, sein Teamkollege François Delecour fällt frühzeitig nach einem Unfall aus

Marcus Grönholm übernimmt die Führung und siegt – zumindest nach WP-Zeiten. Nach der letzten Prüfung wird er aus der Wertung gestrichen. Der Grund: Am Morgen ist sein Peugeot 206 WRC im Parc fermé nicht angesprungen. Die Peugeot-Techniker, die sich laut Reglement einen Kilometer vom Fahrzeug entfernt aufhalten müssen, sind verbotenerweise in Sichtweite und geben „Bosse" Anweisungen. Da das Peugeot-Team wegen des gleichen Vorfalls am Tag zuvor beim Ausfall von Gilles Panizzi bereits verwarnt worden ist, greift die Rallyeleitung durch.

Grönholms Teamkollege Richard Burns erbt den Sieg. Der Weltmeister kann seinen ersten Peugeot-Triumph nicht lange genießen: Wenige Stunden später verliert auch er den Sieg: Denn das Schwungrad des Peugeot 206 WRC ist 20 Gramm zu leicht – das hat die technische Nachuntersuchung ergeben.

Es ist Mitternacht, als Carlos Sainz, der die Rallye mit fast anderthalb Minuten Rückstand auf Rang drei beendet hat, zum Sieger ernannt wird. Der Spanier kann sein Glück kaum fassen. Und Beifahrer Luis Moya zieht sofort zu einer ausgelassenen Siegesfeier durch die Stadt. ■

Punkt geholt – Skoda-Pilot Kenneth Eriksson wird Sechster

Ausgetrocknet – Hyundai-Pilot Armin Schwarz beendet die Rallye wegen eines Benzindruck-Problems vorzeitig

Im Krisengebiet

Als die Mechaniker einiger Werksteams und eine Gruppe von Fernsehleuten in einer Pizzeria in Villa Carlos Paz auf Kaffee und Nachspeise warten, erleben sie eine böse Überraschung. Denn plötzlich sind sie von maskierten und bewaffneten Männern umringt. Die Räuber wollen Kreditkarten, Geld und Schmuck. Als sich ein Mechaniker weigert, seine Wertsachen herauszugeben, wird er zusammengeschlagen. Nach wenigen Sekunden sind die Räuber mit ihrer Beute verschwunden. Bei den Teams löst der Überfall eine beklemmende Stimmung aus. Denn Argentinien erlebt zur Rallye-Zeit eine schwere Wirtschaftskrise. Durch eine Abwertung des argentinischen Peso sind viele Argentinier in den Monaten vor der Rallye arm geworden. Zeitweise sind die Banken geschlossen, Kreditkarten werden nicht abzeptiert. Nach Plünderungen werden die großen Supermärkte durch bewaffnete Sicherheitskräfte bewacht. Doch die Veranstalter geben nicht auf. Sie engagieren sich im Vorfeld der Rallye, dass der WM-Lauf wie geplant stattfinden kann, sie beruhigen die Teams und ermutigen Journalisten, trotz der schlechten Nachrichten nach Argentinien zu reisen. Kurzfristig bauen die Organisatoren vor dem Rallyezentrum einen Bank-Container auf – damit die Reisenden amerikanische Dollars in Pesos umtauschen können, falls wieder einmal die Banken geschlossen sind. Nach dem Raub in der Pizzeria werden die Sicherheitsvorkehrungen verstärkt. Bewaffnete Polizisten schützen Rallyezentrum und größere Restaurants. Mit Erfolg: Es gibt keine weiteren Zwischenfälle. Und die argentinischen Fans bedanken sich auf ihre Art: Sie feiern die Rallye begeisterter als je zuvor.

Bewacht – Rallye-Zentrum im Hotel Portal del Lago in Villa Carlos Paz

Enttäuscht – Ford-Junior Markko Märtin liegt souverän vorn, verliert aber durch einen Reifenschaden seine Führung (rechts und unten)

Straßenfeger – WM-Tabellenführer Marcus Grönholm im Peugeot verliert als erster Starter auf der Auftakt-Etappe viel Zeit

Griechische Tragödie

Eine starke Leistung wird nicht belohnt: Der junge Ford-Werkspilot Markko Märtin führt auf den harten griechischen Schotterpisten vor den Stars. Wegen eines Reifenschadens wird der Junior aus Estland am Ende nur Sechster. Der Sieg geht an seinen Teamkollegen Colin McRae

Guter Tropfen – Sieger-Schampus schmeckt McRae (links und darüber) und Teamchef Malcolm Wilson am besten

Nach der ersten Prüfung ist für Subaru-Junior Petter Solberg die Rallye Akropolis gelaufen: Ein Dreher kostet 1.45 Minuten, weil der Motor nicht wieder anspringt. Nun liegt er nur auf Rang 27. Hochstimmung bei Hyundai. Werkspilot Armin Schwarz strahlt: „Wir hatten einen guten Test, bei dem wir an Dämpfern und Differenzialen gearbeitet haben. Aber nun bin ich wirklich überrascht." Denn nach vier Prüfungen belegt der Deutsche den zweiten Rang. Und sein Teamkollege Freddy Loix komplettiert die gute Hyundai-Leistung mit Platz drei. Doch Schwarz hat Pech: Kurz bevor er den Service verlässt, entdecken die Techniker ein Leck an der Wasserpumpe. Das Teil wird noch schnell gewechselt, doch Schwarz kassiert für die Verzögerung 20 Strafsekunden. „Als ich auf den nächsten beiden Prüfungen versuchte, den Zeitverlust aufzuholen, habe ich mich zweimal gedreht." Schwarz beendet den ersten Tag auf Rang acht. Immerhin behauptet nun Freddy Loix den zweiten Platz. Überraschung an der Spitze: Der 26 Jahre alte Markko Märtin, der seit Saisonbeginn einen dritten Werks-Ford pilotiert, hat auf der ersten Prüfung die Führung erobert und bis zum Ende des Tages auf 50 Sekunden ausgebaut. Der junge Este profitiert vor allem von seiner späten Startposition. Trotzdem gibt es Lob von Weltmeister Richard Burns: „Wir haben als frühe Starter mit losem Schotter auf der Strecke zu kämpfen, dennoch hat Markko eine starke Leistung gezeigt. Es gehört viel dazu, den Vorteil der sauberen Strecke so konsequent umzusetzen." Märtin, der bei ebenso rauen und heißen Bedingungen auf Zypern kurzzeitig geführt hat, will zeigen, was in ihm steckt. Als auf der zweiten Etappe die ersten 15 Fahrzeuge in umgekehrter Reihenfolge starten, ist er glücklich: „Nun kann ich zeigen, dass ich auch bei gleichen Bedingungen schnell bin." Das Vorhaben gelingt: Märtin baut seine Führung sogar aus. Aber ausgerechnet auf der 37-Kilometer-Prüfung Elatia tritt an

Einzelkämpfer – François Delecour (Foto) wird im Mitsubishi Zehnter, Teamkollege McRae fällt aus

Finnen-Power – Peugeot-Pilot Harri Rovanperä (oben) belegt Rang vier, sein Landsmann Toni Gardemeister (rechts) ist mit Platz zehn immerhin der beste Skoda-Pilot

Out – Ford-Pilot Armin Kremer (links) kommt nicht ins Ziel. Neu – Peugeot präsentiert seine Evo-Version (unten), auffällig ist der Heckflügel (unten links)

Märtins Ford Focus ein Reifenschaden auf. „Die Lauffläche hat sich abgelöst und drohte Schaden am Fahrzeug anzurichten“, erklärt Märtin. Er muss anhalten und das Rad wechseln. Die Aktion dauert 3.30 Minuten – und Teamkollege Colin McRae erbt die Führung. Auch Hyundai-Mann Freddy Loix fällt auf Platz sieben zurück: „Wir haben zu wenig Leistung. Das kostete uns auf einer langen Bergauf-Passage viel Zeit. Außerdem war ich mit der Getriebeübersetzung nicht zufrieden. Ich habe nicht die richtigen Gänge gefunden und mich gedreht.“ Teamkollege Schwarz klagt über schlechte Traktion und gesundheitliche Probleme. „Ich vertrage die isotonischen Drinks wohl nicht“, erklärt der Deutsche, dessen Magen ausgerechnet bei einer Rallye rebelliert, bei der bis zu zehn Liter Flüssigkeit pro Tag aufgenommen werden müssen. Später treten am Accent Bremsprobleme auf und es löst

WM-Zahlenspiele

Im Rallyesport spielen Zahlen nicht nur bei der Zeitmessung eine Rolle: Das Ford-Werksteam hat eine umfangreiche Statistik über die WM-Einsätze zusammengestellt. 163170 Gangwechsel werden beispielsweise durchschnittlich pro Jahr bei jedem Ford Focus auf den Wertungsprüfungen aufgezeichnet. Das sind 11655 pro Rallye – oder 529 pro Wertungsprüfung. Jeder Gangwechsel dauert 0,050 Sekunden. Der Straßen-Focus ist 68 Millimeter schmaler als die Rallye-Version. 12 Ford Focus WRC wurden in der Saison 2001 gebaut. 35679 Liter FIA-Benzin verbraucht ein WM-Team pro Saison, jedes World Rally Car schluckt 8925 Liter Sprit pro Jahr. Mindestens 9826 Arbeitstage stecken pro Team in Tests, Training und Rallye – wenn man die minimale Personal-Besetzung zugrunde legt. 5575 Quadratmeter misst die Werkstatt des Ford-Werksteams in Dovenby Hall in Großbritannien. Dort arbeiten 152 Angestellte. 75 Ford-Leute reisen zu den Rallyes. Die Schotter-Version des Ford Focus WRC besteht aus 2266 Komponenten. Davon stammen 128 aus der Straßenversion. Allerdings blieben nur 58 Teile unverändert. Es dauert 1464 Arbeitsstunden, um ein World Rally Car zusammenzubauen. 152 Zulieferer steuern Teile für das Auto bei. 1540 Reifen nutzen die Ford-Werksfahrer bei den 14 WM-Einsätzen. 16656 Mahlzeiten bringen die Ford-Köche auf den Tisch. 90 Minuten braucht das Team, um ein Service-Camp aufzubauen. 76,5 Tonnen Material werden pro Team für die Safari-Rallye nach Afrika verschifft. 12,5 Minuten ist die Bestzeit der Ford-Techniker für einen Getriebewechsel. In 2,5 Minuten wird eine Kupplung getauscht.

Durstig – 8925 Liter spezielles FIA-Benzin schluckt jeder Ford Focus RS WRC pro WM-Saison

sich ein Reifen von der Felge. Schwarz wird Neunter. Immerhin. Denn Freddy Loix fällt mit Motorschaden aus.

Nach drei heißen und staubigen Tagen sichert sich Ford-Mann Colin McRae den ersten Sieg seit einem Jahr. „Mir kam es vor, als hätte ich seit Jahrhunderten keinen Erfolg mehr gefeiert", gesteht der Vorjahressieger. Teamkollege Markko Märtin holt mit Rang sechs noch einen Zähler und grinst: „Mir wäre es lieber gewesen, hinter der 1 wäre eine Null." Dafür gibt es aber Lob von Teamchef Malcolm Wilson: „Markko hat einen phantastischen Job geleistet. Er hätte auch gewinnen dürfen, denn wir hätten keine Teamorder zugunsten von Colin ausgegeben."

Und noch ein junger Pilot scheint auf dem Weg zum ersten Sieg: Trotz seines Drehers fährt Subaru-Junior Petter Solberg auf Platz fünf. Peugeot-Mann Harri Rovanperä muss alles geben – inklusive einer Bestzeit auf der letzten Prüfung – um den Norweger mit nur einer Sekunde Vorsprung hinter sich zu halten. ■

Höhen und Tiefen – Sébastien Loeb wird im Citroën Siebter (ganz oben), Gilles Panizzi (oben) scheidet mit Getriebeschaden aus, und Tommi Mäkinen (links) parkt seinen Subaru mit Aufhängungsdefekt

Auf dem Weg zum Sieg – Colin McRae in Kenia

SAFARI

WM

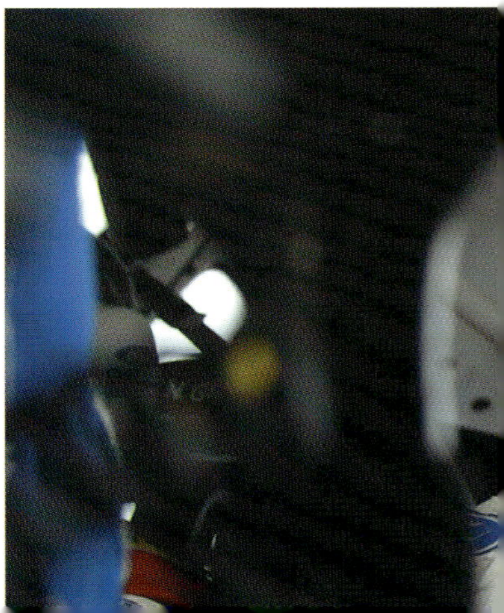

Keiner da? Die Händler haben ihre Marktstände verlassen und gucken zu (oben).
Voll konzentriert – Colin McRae im Ford-Cockpit (rechts)

Ein Hubschrauber für jeden Werksfahrer – Helikopter fliegen vor den Rallyeautos und warnen vor Gefahren auf der Strecke

Nichts für Warmduscher

Staub, dicke Steine, scheinbar endlos lange Prüfungen – Die Safari in Kenia ist die letzte Rallye nach altem Stil. Deshalb hat der afrikanische Klassiker glühende Fans und erbitterte Feinde

Kühlen Kopf bewahren – Petter Solberg steht auf „Wasserkühlung“ (oben)

Not macht erfinderisch – Richard Burns und Copilot Robert Reid versuchen vergeblich, ihren Peugeot in den nur wenige Meter entfernten Servicepark zu retten

Geteiltes Glück – Harri Rovanperä (rechts) fährt auf Rang zwei, Peugeot-Teamkollege Marcus Grönholm (unten) bucht per SMS einen frühen Rückflug

Studien-Reise – Peugeots Asphalt-Spezialist Gilles Panizzi sammelt Erfahrungen in Afrika

Voller Einsatz – Thomas Radström (oben) reisst seinem Xsara ein Rad aus. Für den guten Service (links) bedankt er sich mit Rang drei

Mäk-Pech – Tommi Mäkinen führt, fällt aber am zweiten Tag mit einer gebrochenen Achse aus

SAFARI

WM

Dicke Steinbrocken, tiefer Sand und ausgewaschene trockene Flussbetten – wer die Safari-Rallye bestehen will, muss eine Tortur über sich und sein Auto ergehen lassen. Drei Tage über 1010 gewertete Kilometer – bei der Safari gelten andere Regeln als bei den übrigen 13 WM-Läufen. Die Strecke ist mehr als doppelt so lang, 100-Kilometer-Prüfungen gehören ebenso zum Alltag, wie die „Matatus", jene mit Menschen vollgepfropften Kleinbusse, die unverhofft auf den Wertungsprüfungen auftauchen können.

„Das ist keine Rallye, hier werden nur Autos und Geld zerstört." Manfred Hiemer, Beifahrer von Armin Schwarz, ist stinksauer. Schon auf der ersten Prüfung rollt der Hyundai Accent WRC des deutschen Duos mit einer defekten Lichtmaschinen aus.

„Die Safari ist extrem teuer", kritisiert auch Peugeot-Sportchef Corrado Provera. „Bei anderen Rallyes können wir die gleichen Autos benutzen, hier müssen wir spezielle robuste und leicht zu wartende Fahrzeuge bauen. Für jedes Auto braucht man zudem einen Helikopter, der vor Hindernissen und Tieren auf der Strecke warnt."

Obwohl der Veranstalter die Route sehr kompakt gestaltet und sogar weite Teilstrecken für den öffentlichen Verkehr gesperrt hat, ist die Ausfallquote hoch. Schon am ersten Tag sind Tabellenführer Marcus Grönholm (Motorschaden), Freddy Loix (Kupplung), Petter Solberg (Motorschaden), Toni Gardemeister (Aufhängung) und François Delecour (Motorschaden) aus dem Rennen.

Vorjahressieger Tommi Mäkinen liegt bald 2.30 Minuten vorn. Doch auf der letzten Prüfung des ersten Tages schrumpft sein Vorsprung auf 16 Sekunden. „Ich bin meinen Rhythmus weiter gefahren, doch unsere Hubschrauber-Besatzung hat keine Zwischenzeiten durchgegeben", ärgert sich der Subaru-Pilot, der erst nach der Prüfung erfährt, dass sein Gegenspieler McRae eine große Attacke gestartet hat.

Am nächsten Morgen ist Mäkinens Fahrt beendet: Als er den ersten Service verlässt, läuft Öl aus den hinteren Stoßdämpfern. Doch Big Mäk darf nicht umkehren, sondern muss eine 90 Kilometer lange Prüfung absolvieren und fällt auf Platz sechs zurück. Auf der nächsten WP hält er zum Reifenwechsel an. Eine Prüfung später fällt er mit einer gebrochenen Achse aus. „Wir haben etwas getroffen, es gab keine Chance, mit der zerstörten Achse weiterzufahren", ärgert er sich. Colin McRae übernimmt die Führung. Und die Ausfall-Serie hält an: Ford-

Werksteam kontra Privatfahrer – Rudi Stohl im privaten Mitsubishi (oben), der Aufwand am Hyundai-Service (darüber)

Punkt geholt – Mitsubishi-Mann Alister McRae wird Neunter und kassiert einen Zähler für die Marken-WM

Staub-Wüste – Service-Arbeiten sind ohne Atemschutzmasken in den dicken Staubwolken unmöglich

Afrika-Impressionen – Kenneth Eriksson (links) repariert erfolglos eine Antriebswelle, David Senior und Daniel Grataloup (rechts) haben Spaß mit kleinen Dickhäutern

Pilot Carlos Sainz parkt mit einer defekten Ölpumpe. Skoda-Mann Kenneth Eriksson, zwischendurch sogar Dritter, erleidet einen Antriebsdefekt. Richard Burns hat auf einer Prüfung die Aufhängung seines Peugeot 206 WRC beschädigt, schafft aber die 50 Kilometer Verbindungsetappe bis zum Service. Dort bleibt er unter den Augen seiner zum Nichtstun verpflichteten Mechaniker in der aufgewühlten Zufahrt zum Servicepark im tiefen Staub stecken. Burns und Beifahrer Reid funktionieren kurzerhand Reklametafeln in Sandbleche um, buddeln und ziehen, um ihr Auto zu befreien. Doch was sie auch versuchen: Der Peugeot gräbt sich nur noch tiefer in den Dreck. Entkräftet geben die Briten auf.

Wie immer schreibt die Safari ihre eigenen Geschichten: In der Hektik verwechselt Markko Märtins Beifahrer Michael Park die Aufschriebbücher. Märtin muss 106 Kilometer ohne Noten fahren – nur mit vagen Angaben aus Roadbook und Gedächtnis. Happy End: Der Ford-Pilot belegt bei seinem Safari-Debüt Rang vier hinter Citroën-Mann Thomas Radström. Citroën übrigens bringt bei seinem ersten Afrika-Einsatz beide Autos ins Ziel. Junior Sébastien Loeb holt mit Rang fünf zwei weitere Punkte.

An der Spitze dominiert Colin McRae. Zwar liegt der Ford-Pilot vor der letzten Etappe nur 2.26 Minuten vorn. Doch der stärkste Verfolger, der Finne Harri Rovanperä, verzichtet auf einen Angriff: „Wir wollen nur noch das Ziel erreichen."

McRaes Erfolgsrezept: Der Ford-Pilot absolviert die komplette Rallye fast ohne technische Defekte. „Man muss hier sein eigenes Tempo fahren", verrät er. „Viele Fahrer, die anfangs schneller sind, bekommen später Probleme." Die 1070 Wertungsprüfungs-Kilometer sind McRae, der nach 1997 und 1999 seinen dritten Afrika-Triumph feiert, scheinbar nicht genug. „Ich fände eine Safari nach altem Stil richtig gut", erklärt er im Ziel. „Mit langen Prüfungen, bei denen es noch richtig auf Ausdauer ankommt." ■

Die kleine WM

Seit vielen Jahren ist Mitsubishi das Maß der Dinge in der seriennahen Klasse, der Gruppe N. Doch in der Gruppe N-WM – die in Saison 2002 den neuen Namen „Produktionswagen-WM" erhält – liegt meist ein Proton vorn: Karamijt Singh dominiert mit einem Proton Pert die Meisterschaft, die bei acht WM-Rallyes im Rahmenprogramm ausgetragen wird. Immer, wenn die Junior-WM nicht an den Start geht, kämpfen die Piloten der Produktionswagen-WM um Punkte. Wie in der Junior-WM müssen sich die Piloten für die Meisterschaft einschreiben. Anders als in der Junior-WM müssen sie aber vor der Saison auch festlegen, bei welchen sechs von acht Läufen sie Punkte sammeln wollen. In der seriennahen Klasse treffen sich junge Fahrer, wie der 23 Jahre alte Österreicher Beppo Harrach und der ein Jahr ältere Finne Kristian Sohlberg, aber auch erfahrene Piloten wie der Italiener Alessandro Fiorio, der Peruaner Ramon Ferreyros, der Japaner Toshi Arai und der Ex-Gruppe N-Weltmeister Gustavo Trelles aus Uruguay, der jahrlang die seriennahe Klasse dominierte.

Das neue Konzept funktioniert: Während in der Vergangenheit oft Altstar Gustavo Trelles den Titel holte, weil er alle 14 WM-Rallyes bestritt und stetig Punkte sammelte, ist die seriennahe Klasse nun heiß umkämpft: Bei den ersten sechs Läufen sind mit Kristian Sohlberg, Ramon Ferreyros, Karamijt Singh und Alessandro Fiorio vier verschiedene Piloten siegreich. Während aber die Junior-WM mit einer Präsentation zum Saisonstart, einem gemeinsamen Catering-Bereich und talentierten jungen Fahrern für Schlagzeilen sorgt, ist die Gruppe-WM fast nur Insidern bekannt.

Erfolgreich – Karamijt Singh siegt bei der Safari-Rallye in der Gruppe N-WM mit einem Proton Pert

In Bestform – Peugeot-Pilot Marcus Grönholm feiert seinen dritten Saisonsieg. Ihm gelingt nach 2000 und 2001 in Finnland der Hattrick

Finn Air

Nicht zu schlagen – Peugeot feiert bei der Rallye Finnland bereits den fünften Saisonsieg. Marcus Grönholm baut seinen Vorsprung in der Fahrer-WM weiter aus

Abgefackelt – McRaes Ford Focus (oben). Bei der Arbeit – Armin Kremer und Copilot Dieter Schneppenheim (links)

Hier gibt's zwei Rallyes", resigniert Ford-Pilot Colin McRae bei der Rallye Finnland. „Peugeot fährt eine eigene Rallye. Und der Rest fährt hinterher." Wie bereits so häufig in der Saison zeigt sich das Peugeot-Werksteam auch in Finnland überaus dominant. Alle Bestzeiten der ersten Etappe gehen an die Peugeot-Männer Grönholm, Rovanperä und Burns. Der beste Nicht-Peugeot-Pilot ist Subaru-Mann Petter Solberg, ihn trennt schon mehr als eine Minute von der Spitze.

Doch es sind nicht die Finnen Harri Rovanperä und Marcus Grönholm, die sich zu Beginn ihres Heimspiels in Szene setzen. Ausgerechnet der Brite Richard Burns gibt das Tempo vor. Denn normalerweise sind die Finnen bei ihrem WM-Heimspiel kaum zu schlagen. „Wir lernen die Charakteristik dieser Strecken bereits, wenn wir unsere ersten Rallyes fahren", erklärt Marcus Grönholm. Er muss es ja schließlich wissen: Der Weltmeister der Saison 2000 war lange Zeit auf den finnischen Rallye-Pisten unterwegs, bevor er ins Peugeot-Werksteam geholt wurde.

Wie in Schweden zählt auch in Finnland die Erfahrung. Denn die finnischen Schotterstrecken sind sehr speziell: Sie sind breit und eben, dafür extrem schnell und haben viele tückische Sprungkuppen. „Man muss sehr gut die Linie studieren, denn sonst landet man hinter einer Sprungkuppe eben nicht mehr auf der Straße, sondern daneben im Graben", kommentiert Harri Rovanperä.

Vor allem Finnland-Neulinge machen sich viele Gedanken über die Sprungkuppen. So auch der Citroën-Pilot Sébastien Loeb. Für ihn ist die Tour durch das Land der 1000 Seen eine Bildungsreise, denn sein Arbeitgeber bereitet sich auf das volle WM-Programm in der Saison 2003 vor. Dennoch ist der junge Franzose, der bereits mit kleinen Autos in Finnland gestartet ist, hoch motiviert. „Theoretisch verliert man beim Springen sogar Zeit", überlegt er. „Denn man kann erst wieder beschleunigen, wenn alle vier Räder auf dem Boden sind."

Rein rechnerisch gibt es aber für Loeb, McRae und Co nur wenig Chancen, in Finnland zu gewinnen. Seit 1973

Not amused – Tommi Mäkinen (links) ist mit seinem Subaru nicht glücklich.
Geschenk – Ex-Weltmeister Timo Salonen belohnt sich zum 50. Geburtstag mit einem Einsatz im Peugeot 206 WRC (unten)

Finnische Impressionen – Peugeot-Team bei der Arbeit (oben), Rad ab bei Rovanperä (oben rechts) und Carlos Sainz in Action (rechts daneben).
Erster Verlierer – Richard Burns springt zwar hoch und weit, aber er wird nur Zweiter (rechts)

konnten mit Carlos Sainz 1990 und Didier Auriol 1992 nur zwei Nicht-Skandinavier gewinnen. Auriol ist in diesem Jahr nicht am Start. Und Sainz kämpft um Rang vier.

Subaru-Pilot Tommi Mäkinen, der sein Heimspiel bereits fünfmal gewann, erfüllt die Hoffnungen seiner Fans nicht: Er klagt ständig über Motorprobleme. Die Subaru-Ingenieure suchen nach dem Fehler, finden aber nichts. Mäkinen, der bei jedem Servicestopp mit seinen Technikern diskutiert, ist verärgert. Am Ende erkämpft er sich mit dem sechsten Rang immerhin noch einen WM-Punkt.

Trotz der Peugeot-Dominanz bleibt die

Zweiter Versuch

25 Siege gingen ab Mitte der 90er Jahre auf das Konto des Gruppe A-Mitsubishi Lancer in der Rallye-WM. Bei der San Remo-Rallye 2001 hat der Mitsubishi Lancer WRC die erfolgreiche Gruppe A-Version des Lancer ersetzt. Doch das neue World Rally Car kann bislang nicht an die Erfolge seines Vorgängers anknüpfen. Ab der Rallye Finnland kommt eine Evolutionsversion zum Einsatz. „Wir haben jetzt endlich das WRC-Reglement konsequent ausgenutzt, wozu uns bei der Entwicklung der ersten Version des WRC-Autos die Zeit gefehlt hat", erklärt Mitsubishi-Teammanager John Easton. Die Veränderungen betreffen vor allem Chassis, Motor und Kraftübertragung. „Der Motor liegt jetzt 15 Millimeter tiefer und wiegt 2,5 Kilo weniger", so Easton. Ebenfalls verbessert wurde die Kapazität der Differenziale. Vor allem im vorderen Bereich des Fahrzeugs wurde die Karosserie steifer: „Wir haben Verbesserungen von rund 20 Prozent erzielt." Ein weiterer Schwerpunkt der Arbeit der Mitsubishi-Techniker betrifft das Fahrwerk. Eine optimierte Aerodynamik sorgt zudem für bessere Kühlung von Motor und Bremsen. Ebenfalls neu: Turbolader, Cockpit-Design und das Motor-Kontroll-System. „Zum Teil ist der Unterschied zum alten Auto gewaltig", erklärt Mitsubishi-Werkspilot François Delecour. „Das Auto fährt sich jetzt präziser, das Ansprechverhalten des Motors wurde verbessert." Doch die Entwicklungsphase ist längst nicht abgeschlossen. 2002 ist Mitsubishi nicht siegfähig. Bitter für das Werksteam: Zum Saisonende beendet der langjährige Partner Marlboro die Zusammenarbeit und wechselt zu Peugeot.

Neues Auto, neue Hoffnung – Premiere für die Evo-Version des Mitsubishi Lancer WRC in Finnland

Mister Hollywood – Petter Solberg (rechts) lässt sich feiern. Hoher Besuch – Ex-Rallyepilot Ari Vatanen (unten) ist inzwischen EU-Politiker

Talentierter Nachwuchs – Janne Tuohino im Ford Focus (oben), normalerweise fährt er einen Saxo in der Junior-WM

Rallye aber überaus spannend: Der Führende Richard Burns macht zwei extrem harte Landungen nach Sprungkuppen. Bei der ersten fliegt die Heckscheibe seines Peugeot heraus. Schlimmer ist die Bruchlandung auf der berühmt-berüchtigten Ouninpohja-Prüfung auf der zweiten Etappe: Burns Peugeot verliert Leistung. Der Brite kann zwar weiter fahren, fällt aber auf Rang drei zurück.

Kurzzeitig freut sich Teamkollege Harri Rovanperä. Er erbt die Führung. Doch kurz darauf handelt er sich einen Reifenschaden ein. „Nach einem Drittel der 40 Kilometer langen Prüfung Moksi trat vorne rechts ein Reifenschaden auf. Ich wusste nicht, wie stark der Reifen beschädigt ist, deshalb bin ich weiter gefahren", erklärt er. Dabei aber wird die Radaufhängung so stark beschädigt, dass der Finne aufgeben muss.

Doch die Führung bleibt im Peugeot-Team: Marcus Grönholm, der Sieger der vergangenen zwei Jahre, setzt sich an die Spitze. Der WM-Tabellenführer hat auf der ersten Etappe als erster Starter auf der Strecke Zeit verloren. Dann kostet ihn ein defekter Stoßdämpfer kostbare Sekunden. Nun ist für den Finnen der Weg frei zum Finnland-Hattrick. „Ich habe auf der zweiten Etappe auf die neuen hydraulischen Stabilisatoren verzichtet, danach kam ich besser mit einem Auto zurecht", berichtet „Bosse", der mit einem großen Vorsprung vor seinem Teamkollegen Richard Burns ins Ziel kommt.

Ein Drama erlebt das Ford-Werksteam auf den letzten Prüfungen. Zunächst liefert sich Carlos Sainz einen beinharten Zweikampf mit Subaru-Junior Petter Solberg und verliert dabei die Nerven: Sainz leistet sich einen Fehlstart und kassiert zehn Strafsekunden. „Das ist mir zum ersten Mal in meiner Karriere passiert", grummelt der Spanier. Wenig später fängt der Focus von Colin McRae Feuer. Der Brite reagiert cool: Er fährt das Auto, aus dessen Heck bereits große Flammen lodern, noch 500 Meter durchs Ziel der Prüfung. Dann wird es selbst McRae zu heiß. Er springt aus dem Auto und versucht, zu löschen. Vergebens – der Focus brennt ab.

Premieren-Feier

Zum ersten Mal startet die Rallye-WM auf deutschem Boden. 225000 Fans lassen sich dieses Spektakel nicht entgehen und erleben spannenden Sport und den ersten WM-Sieg des jungen Citroën-Piloten Sébastien Loeb

Überflieger – Sébastien Loeb kennt wie die meisten seiner Konkurrenten die Strecken in Deutschland nicht. Trotzdem ist der junge Franzose nicht zu schlagen

Heck gezeigt – Sébastien Loeb in Action (oben und links)

Schwerster Unfall seiner Karriere – Hyundai-Pilot Armin Schwarz (oben) bricht sich beim Crash (rechts) zwei Rippen

Aufholjagd – Marcus Grönholm (links und unten) liegt nach einem Hydraulikdefekt weit zurück

Geschafft – Sébastien Loeb und seine beiden stärksten Verfolger Richard Burns und Marcus Grönholm mit ihren Beifahrern bei der Siegerehrung in Trier

Treue Fans – Jahre ist es her, dass viele Zuschauer erstmals wieder bei einer Rallye sind (oben). Out – Skoda-Junior Toni Gardemeister (links) scheidet nach einem Unfall aus

In 20 Jahren zum WM-Lauf

1982 startete die erste ADAC Rallye Deutschland. Bei der Erstauflage trug sich das damalige bayerische Jungtalent Erwin Weber mit einem Opel Ascona in die Siegerliste ein. 20 Jahre später hat Weber längst seine Fahrer-Karriere beendet und ist Teamchef. Und die ADAC Rallye Deutschland hat zum 20. Geburtstag ein WM-Prädikat erhalten. Die Siegerliste der „Deutschland“ liest sich wie ein Who's who des Rallyesports: Walter Röhrl (1983), Hannu Mikkola (1984), Michèle Mouton (1986), Piero Liatti (1991), Philippe Bugalski (2001). Seit 1985 zählte die größte deutsche Rallye zur Europameisterschaft. Schon frühzeitig gab es Bemühungen um eine Aufnahme in die Rallye-WM. Die Bestrebungen verliefen im Sand, doch die „Deutschland“ wurde zur größten Rallye in der deutschen Meisterschaft. Ab 1988 erhielt die Veranstaltung das höchste EM-Prädikat, den Koeffizienten 20. Im Jahr 2001 bewarb sich Deutschland um die Austragung eines WM-Laufs. Die deutsche WM-Bewerbung wurde nur möglich, weil die beiden Automobilclubs ADAC und AvD sich für das WM-Projekt zusammen gefunden haben. Sportlich fusionierten drei Rallyes für den WM-Lauf: Die „alte“ Rallye Deutschland mit ihren Weinberg-Strecken der ersten Etappe. Die Hunsrück-Rallye bildet mit den anspruchsvollen und langen Prüfungen auf dem Truppenübungsplatz Baumholder am zweiten Tag das Herzstück der Rallye. Zum Abschluss werden die schnellen Prüfungen der ehemaligen Saarland-Rallye gefahren.

Massen-Bewegung – Zuschauer sorgen in hunderttausendfacher Zahl dafür, dass der erste WM-Lauf in Deutschland ein voller Erfolg wird (oben)

Schöne Kulisse – Ziel der ersten deutschen WM-Rallye ist die historische Porta Nigra in Trier

Rad ab – Achim Mörtl riskiert beim Debüt im Werks-Subaru in der ersten Kurve zuviel

Dreimal Burns – Weltmeister-Studien auf der Strecke (unten), im Gespräch mit seinem Team (links) und sein Peugeot 206 WRC beim Service (ganz links)

WM

DEUTSCHLAND

Neuland für die Teams der Rallye-WM: Mit der ADAC Rallye Deutschland wartet zum ersten Mal seit der Zypern-Rallye 2000 unbekanntes Terrain auf Colin McRae, Tommi Mäkinen und Co. Aufregung herrscht vor dem deutschen WM-Debüt nicht nur bei den Werksteams. Auch zahlreiche Privatfahrer aus Deutschland bereiten sich auf das Heimspiel und den Saisonhöhepunkt akribisch vor. Hektische Betriebsamkeit herrscht im Rallye-Büro des veranstaltenden ADAC: Wie viele Zuschauer werden kommen? Wie kann man die Fans möglichst optimal zu den Zuschauerplätzen leiten? Und wie schafft man Testmöglichkeiten für die Werksteams? Mit Emsigkeit bereiten sich beide Seiten auf die große Herausforderung vor.

Einen kleinen Vorteil haben neben Armin Schwarz, Armin Kremer und Matthias Kahle auch Marcus Grönholm, Philippe Bugalski und François Delecour: Sie sind im Vorjahr bei der Generalprobe der „Deutschland" gestartet und wissen, was sie erwartet. „Es ist, als würde man drei verschiedene Rallyes fahren", erklärt Peugeot-Pilot Marcus Grönholm. „Der Charakter der Strecken ist auf jeder Etappe höchst unterschiedlich. Das gibt es in der WM sonst nirgendwo." Enge Strecken in den Weinbergen am Freitag, schmutziger Beton auf dem Truppenübungsplatz in Baumholder am Samstag und ebene Vollgasstrecken im Saarland auf der Schlussetappe –

Keep smiling – Mäkinen und Solberg haben bei Subaru gute Laune

Big in Japan – Toshi Arai (rechts) steuert einen Subaru Impreza

Große Party – Fans aus vielen Nachbarländern besuchen ebenfalls die ADAC Rallye Deutschland

wer hier vorne mitspielen will, braucht viel Erfahrung – oder Talent. So wie der junge Franzose Sébastien Loeb, der sich früh an die Spitze setzt. Tabellenführer Marcus Grönholm verliert gleich zu Beginn 70 Sekunden durch einen Hydraulikdefekt, der Schaltung und Differenziale lahm legt. Während Loeb seinen Vorsprung bis zum Ende der ersten Etappe auf 27 Sekunden vor Weltmeister Richard Burns ausbaut, scheidet sein Teamkollege Jesus Puras, der kurzfristig für den verletzten Thomas Radström eingesprungen ist, mit einem Elektronikdefekt aus. Auch der dritte Citroën-Pilot Philippe Bugalski kommt nicht ins Ziel: Erst verliert der Vorjahressieger Zeit durch einen Bremsdefekt, dann fällt er nach einem Unfall auf der zweiten Etappe aus.

Mit einem Schrecken beginnt die Rallye für Subaru-Mann Tommi Mäkinen: Denn auf der ersten Prüfung bricht der Handbremshebel – ausgerechnet auf den winkligen Weinberg-Prüfungen. Big Mäk verliert mehr als eine Minute auf die Spitze. Ein Trost für ihn: Bis ins Ziel arbeitet sich der viermalige Weltmeister auf den siebten Rang vor und verpasst nur knapp einen Punkt für die Fahrer-WM. Schlechter läuft es für seine Teamkollegen. Der Österreicher Achim Mörtl, der die ADAC Rallye Deutschland und die Rallye San Remo im Subaru-Werksteam bestreiten darf, reißt seinem Auto auf der ersten

Pech – Sven Haaf führt im Citroën die Junior-WM an und fällt dann mit Motorschaden aus

Armer Armin – Kremer beendet sein lang ersehntes Heimspiel durch einen Unfall

Prüfung ein Rad aus. Am zweiten Tag vollendet er sein Werk: Crash und out. Auch der Norweger Petter Solberg ist ohne Glück: Erst wird er durch Schäden an Servolenkung und Antriebswelle gebremst, dann beschädigt er bei einem Ausrutscher auf der zweiten Etappe die Radaufhängung so stark, dass er aufgeben muss: „Wir flogen nach einer kleinen Welle in einer schnellen Passage ab. Als wir auf den Stein prallten, wusste ich, dass der Schaden groß ist."

Auf der zweiten Etappe ist Sébastien Loeb nicht so dominant wie zum Auftakt: Der Citroën-Junior leistet sich einen Dreher und beschädigt dabei die Lenkung. Zugleich attackieren die Peugeot-Piloten Richard Burns und Marcus Grönholm. Auf der letzten Prüfung des Tages, der Superspecial in der Innenstadt von St. Wendel, zeigt Loeb Nerven: Bei der Ausfahrt aus dem Rundkurs verbremst er sich, dreht und fährt 50 Meter gegen die Fahrtrichtung. Bis zum Ende der Rallye zittert der Citroën-Werkspilot, ob ihn dieser Patzer vielleicht den Sieg kostet. Doch Loeb hat Glück: Die Rallye-Leitung bewertet den Fehler nicht als regelwidriges Falschfahren, sondern bescheinigt ihm, die Teilstrecke als Notweg benutzt zu haben. Die harten Wertungsprüfungen im Hunsrück machen einigen Fahrern zu schaffen: Peugeot-Pilot Harri Rovanperä, der als Vertretung für den ver-

Spektakuläre Show – Ford-Star Colin McRae gewinnt mit gewagter Fahrweise auf dem Rundkurs in St. Wendel viele neue Fans

Prominenz im Vorwagen

Debüt Nummer 2: Bei der ADAC Rallye Deutschland feiert der neu entwickelte Volkswagen Polo Super 1600 seinen ersten Einsatz unter wettbewerbsähnlichen Bedingungen. VW setzt für diese Premiere zwei Vorwagen mit Jutta Kleinschmidt und Copilotin Fabrizia Pons sowie Dieter Depping mit Beifahrer Timo Gottschalk ein. Die beiden 215 PS starken Modelle bewährten sich auf der 1397 Kilometer langen Strecke bestens und überstehen die 22 Wertungsprüfungen über 393 Kilometer klaglos. „Es war schön, mit einem Volkswagen auf die Rallyepisten zurückzukehren. Unser erster Einsatz verlief perfekt“, erklärt Dieter Depping, der die Entwicklungsarbeit des Polo als Testfahrer von Anfang an begleitet hat. Gleichzeitig erlebt Marathon-Pilotin Jutta Kleinschmidt ihr Debüt für Volkswagen im Rahmen eines Wettbewerbs. „Ich bin sehr beeindruckt, dass beide Autos so tadellos liefen, noch dazu auf diesen anspruchsvollen Wertungsprüfungen“, erklärte die Volkswagen-Pilotin. Im Hinblick auf die Entwicklung des Polo Super 1600 und die geplante Homologation zum 1. Januar 2003 erweist sich der Einsatz der beiden Vorwagen für VW als sehr wertvoll. „Uns ist ein überzeugender Gesamtauftritt gelungen“, erklärt Rudolf-Helmut Strozyk, Leiter von Volkswagen Racing. „Beide Fahrzeuge haben unsere Erwartungen übertroffen. Die Erkenntnisse, die wir hier gewonnen haben, sind wertvoller als ein Test, denn hier muss die gesamte Mannschaft auch unter Druck perfekt arbeiten. In den kommenden Monaten stehen weitere Tests auf Schotter und Asphalt bevor."

Premiere – VW setzt den neuen Polo Super 1600 als Vorwagen bei der ADAC Rallye Deutschland ein

El Matador – Carlos Sainz im Ford Focus auf Zeitenjagd

Flugshow – Skoda-Mann Toni Gardemeister sorgt für spektakuläre Fotos

Service-Stopp für hungrige Fans – Würstchenstand an der Strecke (rechts). Starke Leistung – Ronny Amm (daruner) fährt im seriennahen Citroën Saxo auf Gesamtrang 31

Null-Runde – Hyundai-Pilot Freddy Loix scheidet am zweiten Tag mit einem Öldruck-Problem aus

DEUTSCHLAND

WM

letzten Asphalt-Spezialisten Gilles Panizzi den dritten Werks-Peugeot pilotiert, wird durch den gleichen Hydraulikdefekt eingebremst wie am Tag zuvor sein Teamkollege Grönholm. Ford-Pilot Carlos Sainz hat zwei Reifenschäden, Skoda-Pilot Toni Gardemeister parkt nach einem Unfall.

Ohne Schwierigkeiten verläuft die Etappe für Ford-Star Colin McRae, trotzdem ist er nicht glücklich: „Unsere Reifenwahl war morgens bei den gemischten Bedingungen nicht gut. Aber wir können sowieso den Speed von Peugeot und Citroën nicht mitgehen. Uns bleibt nichts anderes übrig, als Druck zu machen und abzuwarten, was passiert."

Auf der dritten und letzten Etappe auf den schnellen und ebenen Asphalt-Prüfungen in der Region um St. Wendel haben nur noch zwei Fahrer eine Chance, Loeb den Sieg zu entreißen: Burns und Grönholm. Doch Grönholm bricht seine Attacke nach einem Fahrfehler ab. „Wir landeten auf der ersten Prüfung in einem Feld. Daraufhin haben wir beschlossen, dass es keinen Sinn macht, mehr zu riskieren", erklärt der Finne. „Ohne die Hydraulikprobleme am ersten Tag hätten wir eine gute Chance auf den Sieg gehabt."

Auch andere Piloten stecken in Schwierigkeiten: Ford-Mann Carlos Sainz würgt den Motor seines Focus am Start einer Prüfung ab. Mühsam hoppelt er mit Hilfe des Anlassers über die Startlinie, erst nach zwei Minuten erweckt der Spanier das Triebwerk wieder zum Leben und kann die Prüfung beenden. Harri Rovanperä

Gruppe N-Sieg – Hermann Gaßner im Mitsubishi (unten links). Platz sechs – Markko Märtin holt im Ford einen Punkt

Rekord-Rallye

Die ADAC Rallye Deutschland, der erste Rallye-WM-Lauf auf deutschem Boden, bricht Rekorde. 225.000 Fans sind vor Ort. Auch das Interesse der Internet-Nutzer ist gewaltig. Die offizielle Website www.rallye-deutschland.de verzeichnet im August 6,13 Millionen Seitenabrufe. Damit die Veranstaltung ohne Stress läuft, sind gewaltige Arbeiten nötig: Im Einsatz sind 1.250 Streckenposten, 500 Streckenhelfer, 300 Polizisten zur Verkehrslenkung, 140 Sanitäter, 112 Ärzte, 69 Ambulanz-Fahrzeuge, 42 Rettungswagen in Prüfungen und 40 Feuerwehren. 500.000 Meter Absperrband werden an Gefahrenzonen gezogen, 40.000 Sicherheits-Faltblätter an Fans verteilt und 4.000 Hinweisschilder zur Zuschauerlenkung aufgestellt. Trotzdem läuft nicht alles reibungslos: Aus Sicherheitsgründen wird eine Prüfung abgesagt. Am zweiten Tag sind die Zufahrtsstraßen zum Truppenübungsplatz Baumholder dicht. „Der Ansturm der Fans war leider nicht immer zu bewältigen. Wir werden daran arbeiten, diese Vorkommnisse zu minimieren und damit für einen noch reibungsloseren Ablauf zu sorgen“, erklärt ADAC Sportpräsident Hermann Tomczyk. „Unsere Bilanz ist positiv, wir haben die WM-Feuertaufe bestanden. Es ist uns gelungen, gute Gastgeber zu sein.“ Lob gibt es auch von Hyundai-Pilot Armin Schwarz: „Es hat toll geklappt. Ich habe von WP-Leitern und Streckenposten gehört, dass man den Fans ein großes Lob aussprechen muss. Auch die WP-Absage ist keine Katastrophe: Sie zeigt, dass die Organisation Verantwortung übernommen hat. Eine WP-Absage ist keine Schande, sie zeigt, wie überlaufen unser Sport ist.“

Rallye der Superlative – 1250 Streckenposten sind bei der ADAC Rallye Deutschland im Einsatz

streift seinem Peugeot bei einem Austritt den Heckflügel ab. Danach ist das Fahrverhalten so tückisch, dass sich der Finne mit einem Unfall verabschiedet.
Richard Burns gibt kräftig Gas. Zwischenzeitlich verkürzt der Brite den Vorsprung von Loeb auf nur acht Sekunden. „Für mich zählt hier nur der Sieg“, meint der Weltmeister angriffslustig. Schließlich will der Brite endlich seinen ersten Sieg im Peugeot feiern. Doch darauf muss er länger warten. Denn immer wenn Burns eine Bestzeit fährt, kontert Loeb auf der nächsten Prüfung. Mit 14,3 Sekunden Vorsprung sichert sich der Junior den ersten WM-Sieg und die Anerkennung von Gegner Burns. „Ich habe alles versucht, aber Sébastien hat gut gegengehalten“, lobt der Weltmeister. Loeb ist überglücklich. „Dies fühlt sich an wie der erste Sieg, denn den Erfolg in

Gewonnen! Citroën-Pilot Dani Sola siegt in der Junior-WM

Happy – Bruno Thiry aus Belgien (oben) ist mit Platz fünf mehr als zufrieden.
Verraucht – Alister McRae (unten) parkt seinen Mitsubishi mit Motorschaden

Benzin-Geflüster – MG-Pilot Gwyndaf Evans (links) im Gespräch mit Opel-Pilot Niall McShea

Auto zerstört – Opel-Pilot Niall McShea wird nach dem Unfall zur Beobachtung ins Krankenhaus geflogen

Monte Carlo konnte man nicht zählen", strahlt der Elsässer. „Es war für mich auch ein Heimspiel, ich lebe nicht weit entfernt und hier sind viele Freunde zum Zuschauen gekommen."
Die deutschen Werksfahrer haben bei ihrem Heimspiel nicht viel Glück. Der frischgebackene Deutsche Meister Matthias Kahle wird für den ersten deutschen WM-Lauf ins Skoda-Werksteam berufen. Doch Kahle kann die größte Chance seiner Karriere nicht nutzen. Nach der zweiten Prüfung ist er der beste Skoda-Pilot, dann streikt der Motor seines Octavia. Werkseinsatz beendet.
Mit einem schweren Unfall endet die Fahrt von Hyundai-Werkspilot Armin

Gute Vorstellung – Mitsubishi-Pilot Sandro Wallenwein (links) ist schnell, verliert aber durch einen Reifenschaden viel Zeit

Noch ein Subaru ohne Rad – Petter Solberg beendet seine Rallye nach diesem Aufhängungsschaden

Jubel bei Ford – McRae kommt als Vierter ins Ziel und ist damit immerhin der beste Fahrer eines nicht-französischen Autos

Schwarz. Er liegt nach dem ersten Tag auf dem guten sechsten Rang. Dann hat er zwei Reifenschäden. Weil er nur ein Ersatzrad hat, muss er die nächste Prüfung auf der Panzerplatte mit einem beschädigten Reifen fahren. „Wir hatten nur wenig Grip, das Heck brach immer aus." Um die verlorene Zeit aufzuholen, attackiert Schwarz. Kurz vor Ende der Prüfung bricht in einer schnellen Passage wieder das Heck aus, Schwarz geht von der Bremse, um das Auto zu stabilisieren, kommt zu schnell in die Kurve, wählt

Beweis-Foto – Peugeot-Mann Harri Rovanperä trifft einen Zaun (oben)

Enge Kehren an der Mosel – Mitsubishi-Pilot François Delecour am ersten Tag

geradeaus den Notausgang und prallt gegen einen Baum. Der Aufprall ist so hart, dass sich Schwarz zwei Rippen bricht. Beifahrer Manfred Hiemer erleidet schwere Prellungen.
Höhen und Tiefen erleben die beiden Piloten aus der Junior-WM: Sven Haaf im Citroën Saxo und Niki Schelle im Suzuki bestechen mit schnellen Zeiten und atemberaubenden Aktionen. Sven Haaf trifft einen Randstein, handelt sich einen Reifenschaden und eine beschädigte Felge ein. Auf der Prüfung darauf knackt er eine weitere Felge. „Danach wollten wir unser Glück nicht herausfordern und sind vorsichtiger gefahren", so der Deutsche, der am Ende der ersten Etappe die Führung in der Junior-WM übernimmt. Pech für Haaf: Zu Beginn des zweiten Tages rollt er mit einem Motorschaden aus.
Suzuki-Pilot Niki Schelle rutscht auf der ersten Etappe mit seinem Suzuki über eine Wiese und prallt gegen einbetonierte Eisenstangen. Der linke Schweller des Autos ist krumm – und auch die Sitzhalterung hat sich so verzogen, dass Schelle halb auf dem Sitz von Beifahrerin Tanja Geilhausen hängt. Happy End für den Deutschen: Am Ende belegt er den dritten Platz in der Junior-WM-Wertung hinter den Citroën-Piloten Dani Sola und Andrea Dallavilla.

Klassensieg – Horst Rotter im Opel

Privat-Sache

Wer den ersten WM-Lauf in Deutschland aus der Cockpit-Perspektive erleben will, muss zunächst warten und hoffen. Denn die Veranstalter entscheiden sich für ein neues System: Die Privatfahrer werden eingeladen. Zunächst werden die Top-Teams aus der Rallye-DM berücksichtigt, danach rücken auch kleinere Mannschaften nach. Letztendlich rollen in Trier 24 private deutsche Teams über die Startrampe. Darunter mit Christian Senz, Niklas Birr, Ronny Amm, Sebastian Vollak und Matthias Prillwitz eine Reihe von engagierten sehr jungen Fahrern. Bester Deutscher ist nach drei Rallyetagen der Mitsubishi-Routinier Hermann Gaßner, der souverän die Gruppe N gewinnt. Schnelle Zeiten in der Gruppe N verzeichnet auch Sandro Wallenwein, ebenfalls mit einem Mitsubishi, doch er verliert Zeit durch einen Reifenschaden. Einen Triumph feiert Opel-Pilot Horst Rotter, der die Gruppe N3 beim Heimspiel gewinnt. Weniger glücklich sind andere Fahrer: Carsten Mohe muss seinen neuen Renault Clio mit Motorschaden parken, Honda-Mann Peter Corazza scheidet nach einen Ausrutscher aus. Holger Knöbel überschlägt sich mit seinem selbst aufgebauten VW Polo, kann weiterfahren, später scheidet er aber mit einem Elektrikdefekt aus. 14 deutsche „Private" erreichen das Ziel: Hermann Gaßner (Platz 13), Sandro Wallenwein (Platz 24), Dark Liebehenschel (Platz 27), Horst Rotter (Platz 28), Niklas Birr (Platz 30), Ronny Amm (Platz 31), Frank Höhner (Platz 33), Michael Kahlfuss (Platz 34), Wolfgang Ihle (Platz 35), Lars Mysliwietz (Platz 37), Christian Senz (Platz 38), Matthias Prillwitz (Platz 39), Sebastian Vollak (Platz 40) und Rainer Holzborn (Platz 42).

Aktive Junioren – Nachwuchsfahrer wie Niklas Birr wollten das Debüt nicht verpassen

Ohne Glück beim Heimspiel – Skoda-Gastfahrer Matthias Kahle fällt schon am ersten Tag mit Motorschaden aus

Strahlemann – Suzuki-Pilot Niki Schelle (rechts). Basislager – Servicepark am Bostalsee (unten)

Gäste aus der Rallye-DM – Peter Corazza (oben links) kommt im Honda Civic nach einem Ausrutscher nicht ins Ziel, Carsten Mohe (oben rechts) parkt den Renault Clio mit Motorschaden

Kampfspuren – Nach einer Begegnung mit einem Betonsockel hat Schelles Suzuki eine bananenförmige Beule in der Tür

WM-Debüt – Martin Möckl im Skoda Octavia Kitcar, das er normalerweise in der DM pilotiert

Bis zur dritten und letzten Etappe dauert die Fahrt von Kahles Dauer-Gegner Armin Kremer. Bei seinem fünften von sechs WM-Gastspielen im Ford Focus RS WRC des deutschen Herstellers verliert er anfangs Zeit durch eine defekte Servolenkung. Ein Reifenschaden und eine rutschende Kupplung kosten am zweiten Tag ebenfalls Zeit. Trotzdem geht er als Zehnter in die letzte Etappe. Doch auf der 17. von insgesamt 23 Wertungsprüfungen kommt er in einer schnellen Rechtskurve auf einer Kuppe von der Strecke ab. Der Focus prallt mit rund 170 km/h gegen die Leitplanke und fängt Feuer. Nachdem sich Kremer und Beifahrer Schneppenheim unverletzt aus dem Cockpit befreit haben, berichtet Kremer geschockt: „Das war der heftigste Abflug, den ich je hatte. Der Aufprall war atemberaubend. Ich kannte die Passage vom letzten Jahr, da sind wir sie bei gleichen Bedingungen ohne weiteres voll gefahren. In der Senke vor der Kuppe begann aber das Heck zu springen und brach aus, deshalb haben wir die Rechtskurve nicht mehr geschafft.“ Trotz des Ausfalls und der damit verbundenen Enttäuschung nimmt der Ford-Pilot positive Eindrücke vom ersten Rallye-WM-Lauf in Deutschland mit nach Hause. „Die Zuschauerresonanz war sensationell. Es ist toll zu sehen, wie populär der Rallyesport bei uns ist.“ ■

Schmerzhaft – Peugeot-Pilot Gilles Panizzi zeigt seine Operationsnarben. Beim Auswechseln einer Glühbirne war er von der Leiter gefallen und hatte sich die Schulter gebrochen

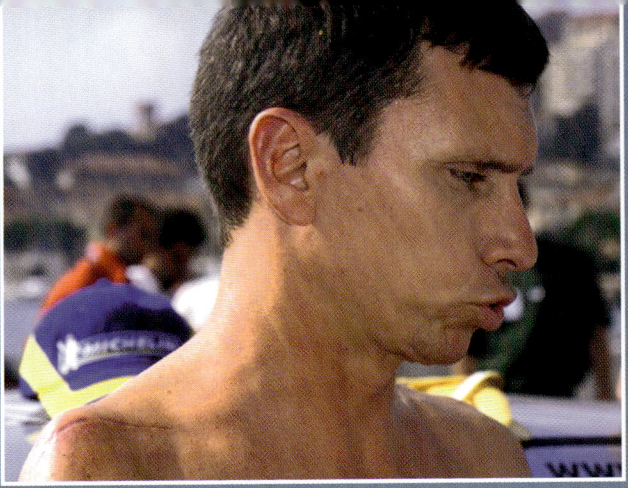

Pizza, Pasta, Panizzi

Auf den anspruchsvollen Asphalt-Sträßchen der Rallye San Remo bewährt sich Gilles Panizzi einmal mehr als echter Asphalt-Löwe und feiert trotz einer Verletzung den dritten Saisonsieg

Brothers in Arms – Gilles und Hervé Panizzi freuen sich über den dritten Saisonsieg

Ohne Punkte – Ford-Mann Colin McRae (oben links) belegt nur Platz acht, Armin Schwarz parkt seinen Hyundai Accent mit einen Aufhängungsdefekt

„Dies war ein schwieriger Sieg“, erklärt Gilles Panizzi nach der Rallye San Remo, wo er nach den Erfolgen von 2000 und 2001 einen Hattrick schafft. Obwohl der Peugeot-Pilot in der laufenden Saison schon in Korsika und Spanien gewonnen hat, besitzt er in Italien nur Außenseiter-Chancen. „Bis wenige Tage zuvor stand ja nicht einmal fest, ob ich fahren kann“, so Panizzi.

Der Grund: Der Franzose war vier Wochen zuvor beim Auswechseln einer Glühbirne in seinem Haus von einer Leiter gestürzt und hatte sich die rechte Schulter gebrochen und einige Sehnen beschädigt. Die Verletzung ist so schwerwiegend, dass Panizzi die WM-Läufe in Finnland und Deutschland auslassen muss. „Ich stand ständig mit dem Team in Kontakt“, berichtet er. „Aber ich bin Realist und fand mich damit ab, nicht zu fahren.“

Schmerzfrei ist Panizzi noch immer nicht. „Die erste Runde im Shakedown-Test tat richtig weh, danach ging es. Doch ich weiß nicht, ob ich während der zwei 42 Kilometer langen Prüfungen Probleme haben werde“, fürchtet er vor dem Start.

Die Sorge ist unbegründet. Bald sind die Schmerzen verflogen: „Ich brauche keine Schmerztabletten, allerdings fühle ich mich sehr müde.“ Den Ergebnissen merkt man das nicht an: Panizzi übernimmt auf der ersten Etappe die Führung und behauptet sie bis ins Ziel.

Seine stärksten Konkurrenten sind Citroën-Pilot Philippe Bugalski und Peugeot-Teamkollege Marcus Grönholm, der aber auf der ersten Etappe durch Brems- und Getriebeprobleme Zeit verliert. „Es ist enttäuschend“, so „Bosse“. „Wenn ich die Zeiten von Gil-

Auf dem Podium – Marcus Grönholm und Petter Solberg (Foto links). WM-Punkt geholt – Jesus Puras im Citroën Xsara WRC (rechts)

Voller Einsatz – Niki Schelle (oben) wird Siebter in der Junior-WM. Pech – Subaru-Pilot Tommi Mäkinen (rechts) fällt aus

Asphalt-Klassiker – Ortsdurchfahrten sind in San Remo an der Tagesordnung

les sehe, weiß ich, dass wir weit vorne gewesen wären."
Philippe Bugalski fährt mit einem vom privaten Piedrafita-Team eingesetzten Citroën Xsara gute Zeiten, scheidet aber am zweiten Tag nach einem Unfall aus. Ebenfalls nicht ins Ziel kommen Tommi Mäkinen (Antriebswellendefekt), Carlos Sainz (Ölleck am Motor) und Freddy Loix (Unfall). Auch die deutschsprachigen Piloten haben kein Glück: Armin Schwarz touchiert auf der ersten Prüfung ein hervorstehendes Stück Leitplanke und beschädigt die Radaufhängung so stark, dass er aufgeben muss. „Als Armin zurückkam, haben wir aus dem Wohnmobil alle scharfen Gegenstände entfernt, damit er sich nichts antun kann", ulkt Teamchef David Whitehead. Auch Achim Mörtl, der wie bei der ADAC Rallye Deutschland den dritten Werks-Subaru steuert, kommt nicht ins Ziel: Am zweiten Tag beschädigt er die Radaufhängung, als Folge übersteuert wenige Kilometer später das Auto plötzlich und kracht mit dem Heck gegen eine Mauer. Trotz Sehstörungen bringt der Österreicher das stark beschädigte Einsatzgerät zurück an den Service – dann muss er aus gesundheitlichen Gründen aufgeben.
Petter Solberg, nun Einzelkämpfer im Subaru-Team, profitiert am zweiten Tag von einer gewagten Reifenwahl. Damit gelingt „Mr. Hollywood" die erste Podiumsplatzierung auf Asphalt.
Gilles Panizzi feiert den dritten Saisonsieg. Dass er mit einem Erfolg bei der ADAC Rallye Deutschland noch Chancen auf den Weltmeister-Titel hätte, glaubt er trotzdem nicht: „Wenn ich Weltmeister werden will, müssten Marcus, Richard und Colin vorher das Rallyefahren aufgeben." ■

Out – Sven Haaf (oben rechts) stellt seinen Opel ab, nachdem sich ein Rad gelöst hat. Alister McRae (oben links) gibt auf, weil er sich bei einem Mountainbike-Unfall verletzt hat

Big Bäng – Achim Mörtl (unten) zerstört das Heck seines Subaru (links) an einer Mauer

Schwarzes Gold

„Im Test hat mir dieser Reifen nicht gefallen, während der Rallye war er perfekt", jubelt Subaru-Pilot Petter Solberg, nachdem er zwei Bestzeiten fährt. Großen Anteil an dem Ergebnis hat der neue Pirelli-Reifen PZero vom Typ RX. Dieser Slick, der bei der Rallye Deutschland debütierte, wurde speziell für trockene bis feuchte Verhältnisse konzipiert und spielt bei den wechselnden Bedingungen in den ligurischen Alpen seine Vorteile aus. Unterdessen hat die Konkurrenz von Peugeot mit feuchten Bedingungen gerechnet und verliert mit Intermediate-Reifen wichtige Sekunden. Die richtige Reifenwahl ist entscheidend – und nicht nur während der Rallye: Das Reglement schreibt für die europäischen WM-Läufe vor, dass die Stammpiloten der Werksteams bereits vier Wochen vor Veranstaltungsbeginn zwei Reifenmuster verbindlich festlegen, die zum Einsatz kommen. 3.580 Reifen bringt Michelin allein für die World Rally Cars der Werksteams von Peugeot, Mitsubishi, Skoda, Hyundai und Citroën nach Imperia, allesamt ausgerüstet mit dem pannenresistenten ATS-System („Appui Temporaire Souple"). Für trockene Bedingungen haben die Michelin-Fahrer die Auswahl zwischen zwei Basisreifen: Der so genannte N22 eignet sich für Asphalt-Temperaturen zwischen elf und 24 Grad Celsius. Steigen die Temperaturen auf konstant über 19 Grad Celsius, steht der N43-Profilslick bereit. Der italienische Hersteller Pirelli stellt seinen Partnern, den Werksteams von Ford und Subaru, den Pirelli PZero in den Varianten „RX" und „RE" zur Verfügung, die jeweils in verschiedenen Mischungen erhältlich sind.

Viel Show ums Gummi – Pirelli und Michelin engagieren sich in der WM

Die Entscheidung

Schwache Nerven sorgen in Neuseeland für eine vorzeitige Titel-Vergabe. Alle Fahrer, die Marcus Grönholm noch gefährlich werden könnten, finden sich in „Downunder" neben der Strecke wieder

Vierter Sieg – Marcus Grönholm triumphiert in Neuseeland und wird vorzeitig Weltmeister

Meister-Feier – Peugeot gewinnt in Neuseeland die Titel in der Fahrer- und Marken-WM

Treffen im Wald – Gruppe-N-Pilot Iliev kracht in Märtins Ford

NEUSEELAND

WM

Dumm gelaufen – Richard Burns (unten) fliegt in Führung liegend ab

Flugstunde – Toni Gardemeister fährt beim ersten Neuseeland-Start des Skoda Octavia (oben) auf Platz acht

Richard Burns ist für niemanden zu sprechen. Der Brite sitzt in der hintersten Ecke des Peugeot-Teamzelts und isst schweigend. „Richard möchte nicht wieder und wieder erzählen, dass er einen Fehler gemacht hat", erklärt seine Betreuerin Claire den draußen wartenden Fernsehteams. Kein Wunder, dass Richard Burns herumbockt wie ein Vierjähriger: Nicht einmal eine Stunde zuvor hat der Peugeot-Werkspilot seine Chance verspielt, den WM-Titel zu verteidigen.

Auf der zweiten Etappe der Rallye Neuseeland, auf der 15. von insgesamt 26. Wertungsprüfungen macht Richard Burns jenen verhängnisvollen Fahrfehler, der die WM vorzeitig entscheidet. „Wir kamen in einer Rechtskurve im vierten Gang zu weit nach außen, schafften die folgende Linkskurve nicht. Das Auto stieg auf, flog über einen Zaun und krachte in die Bäume", berichtet er widerwillig. Burns, der bis zu diesem Zeitpunkt mit 45 Sekunden Vorsprung in Führung lag, übersteht den Unfall unverletzt. Doch die Seele des Briten ist stark angeknackst. „Ich wollte doch hier meinen ersten Peugeot-Sieg feiern", so der Weltmeister des Jahres 2001, der erst zu Saisonbeginn zu Peugeot gekommen ist. Sieg weg und Titel weg – denn um bei den letzten beiden Rallyes noch eine Chance gegen seinen Teamkollegen Marcus Grönholm zu haben, hätte Burns in Neuseeland einen Sieg gebraucht.

Lange Gesichter gibt es auch bei Ford: Bereits auf der ersten Etappe rutscht der Schotte Colin McRae mit seinem Ford Focus von der Strecke. Damit ist der Weltmeister des Jahres 1995 ebenfalls aus dem Titelrennen. Denn auch er hätte einen Sieg in Neuseeland nötig gehabt, um die Entscheidung auf die nächsten zwei Rallyes vertagen zu können.

Damit sieht es auch in der Marken-Weltmeisterschaft für Ford schlecht aus. Denn Carlos Sainz und Markko Märtin liegen abgeschlagen auf den Plätzen zehn und sieben. Um jedoch zu verhindern, dass Peugeot schon vorzeitig Marken-Weltmeister wird, braucht Ford in Neuseeland einen Doppelsieg.

Auf der 14. Wertungsprüfung fällt dann die endgültige Entscheidung in der Marken-WM: Auch Markko Märtin verabschiedet sich nach einem Unfall. Damit ist die letzte theoretische Chance für Ford auf die Hersteller-Weltmeisterschaft zerronnen. Bitter für Märtin: Es ist der erste Fehler des jungen Esten seit der Rallye Schweden, wo er nicht starten konnte, nachdem er sein Auto im Shakedown-Test beschädigt hatte.

Danach wird die Schotter-Rallye in Neuseeland zu einem Festival für Vor-

Vorentscheidungen – Kristian Sohlberg (links) siegt in der Gruppe N und bewahrt seine Titelchance. Colin McRae crasht (unten)

Zerknirscht – Richard Burns sucht nach seiner Niederlage Schutz an der Seite von Vater Alex

jahressieger Marcus Grönholm, der nun als Weltmeister der Saison 2002 feststeht. „Ich freue mich, aber ich hätte den Kampf gerne auf der Strecke gegen Richard ausgetragen“, erklärt „Bosse“. Dieser Gedanken schießt ihm als erstes durch den Kopf, als er die Unfallstelle seines Rivalen und Teamkollegen passiert. „Ich musste an den Titel von 2000 denken. Heute ist alles anders, damals haben wir bis zur letzten Rallye gekämpft. Dieses Mal ist die Meisterschaft nun so früh entschieden.“

Doch Zeit, um den Erfolg zu feiern, nimmt sich der neue Champion nicht. Der Finne, der auf der ersten Etappe wieder einmal Zeit wegen eines Hydraulikdefekts verloren hat, übernimmt die Führung. Konzentriert spult er Kilometer um Kilometer ab. Auf der dritten und letzten Etappe fährt er weltmeisterlich und sichert sich auf allen acht Prüfungen die Bestzeit. Im Ziel beträgt Grönholms Vorsprung 3.47 Minuten vor seinem Teamkollegen Harri Rovanperä, der am Ende wegen eines Hydraulikproblems um Rang zwei zittern muss.

Dass er nun neuer Weltmeister ist, daran denkt Grönholm auf der letzten Etappe nicht. „Am letzten Tag haben wir unseren Aufschrieb verfeinert“, berichtet der Peugeot-Werksfahrer im Ziel. „Schließlich wollen wir im kommenden Jahr bestens vorbereitet sein, wenn die Prüfungen vielleicht wieder gefahren werden.“ ■

Der junge Wilde

Die Fernsehbilder von der Rallye Finnland 2001 gehen um die Welt: Der junge Finne Jani Paasonen liegt bei seiner ersten WM-Rallye mit einem World Rally Car nach dem ersten Tag in den Punkten. Auf der ersten Prüfung des zweiten Tages überschlägt er sich und bringt einen völlig zerfledderten Ford Focus an den Service. „Reifen kalt, Rolle“, erklärt er in gebrochenem Englisch. Das Auto wird hergerichtet, wenig später überschlägt sich Paasonen wieder. Und er gibt nicht auf. So lange sich noch ein Rad dreht, fährt er weiter. Bis der Focus als Totalschaden liegen bleibt. Die unbekümmerte Art des 27 Jahre alten Finnen und vor allem sein Speed beeindrucken Mitsubishi-Teamchef Andrew Cowan: In der Saison 2002 darf Paasonen bei einigen Rallyes den dritten Werks-Mitsubishi steuern. Meist ist der korpulente Blondschopf schneller als seine erfahrenen Teamkollegen Alister McRae und François Delecour. Noch immer hat er Ausritte und Unfälle. Doch Paasonen, der normalerweise einen Lastwagen in der elterlichen Spedition steuert, erweist sich als Kämpfer: Er speckt viele Kilo ab, lernt eifrig Englisch und wird zuverlässiger. Bei der Rallye Finnland 2002 bringt er stolz sein Auto ins Ziel. In Neuseeland, Australien und Großbritannien darf er den nach einem Fahrrad-Unfall verletzten Alister McRae vertreten. Ausgerechnet Paasonen, der Mitsubishi-Pilot mit den wenigsten Testkilometern, schreibt Geschichte und holt in Neuseeland die erste Bestzeit für den Mitsubishi Lancer WRC. Später überschlägt er sich. Stolz zeigt er abends eine Fotoserie des Crashs. Typisch Paasonen.

Smiling, schnell, spektakulär – Mitsubishi-Pilot Jani Paasonen ist der Liebling der Fotografen

Fehlerfrei – Marcus Grönholm fährt zum fünften Saisonsieg (links). Ergebnislos – Mäkinens Tour durch Australien (großes Foto)

Im Land des Leidens

Subaru-Pilot Tommi Mäkinen kann die Schönheit Australiens nicht genießen: 2000 verliert er den Sieg durch Wertungsausschluss. Zwei Jahre später ereilt ihn das gleiche Schicksal: Rang vier wird aberkannt

Unfall-Opfer – Daniel Grataloup liebt Fallschirmspringen, Ski und Radfahren. Nach dem schweren Unfall in Australien muss er länger das Bett hüten

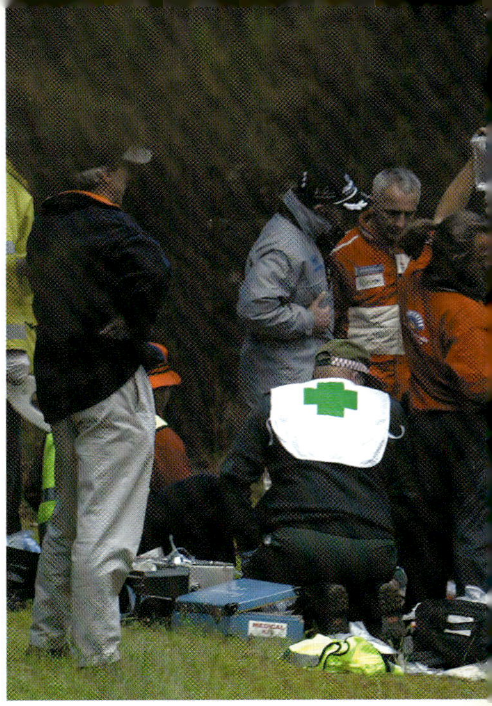

Schneller Junior – François Duval ist bis zum seinem Unfall Sechster

Schnelle Wertungsprüfungen auf rotem und rutschigem Schotter: Wie die Rallye Neuseeland ist auch die Rallye Australien eine „Fahrer-Rallye". Hier zählen das Können und der Mut der Fahrer. Doch Australien ist gefährlich. „Die Bäume stehen dicht an der Strecke und lassen keinen Raum für Fehler", so Subaru-Pilot Tommi Mäkinen.

Trotz der landschaftlichen Schönheit der australischen Westküste reist der Finne mit schlechten Erinnerungen nach „Downunder". Zwar konnte „Big Mäk" dort 1996 und 1998 siegen, doch im Jahr 2000 wurde ihm der Sieg aberkannt. Damals hatte das Mitsubishi-Werksteam ein Turbogehäuse verwendet, das vom Zulieferer verändert wurde – und damit nicht mehr homologiert war. Beim ersten Australien-Auftritt im Subaru liegt Mäkinen nach dem ersten Tag auf Rang fünf. „Wir hatten einen guten Fight mit Harri Rovanperä", berichtet der viermalige Weltmeister.

Doch Teamkollege Petter Solberg übernimmt zum Start sogar die Führung, muss aber Peugeot-Pilot Marcus Grönholm den Vortritt lassen: „Marcus fährt sehr schnell. Aber ich kann noch schneller." Während der gesamten Rallye muss Solberg kämpfen. Zunächst gegen Grönholm und Burns. Als letzterer wegen eines Kupplungsschadens ausfällt, kann „Mr. Hollywood" nur kurz durchatmen. Von hinten stürmt bereits Harri Rovanperä heran. Bis zum Ende der zweiten Tages kann Solberg den Finnen hinter sich halten: „Wir haben alles unter Kontrolle. Ich will meinen Rhythmus zu halten."

Die Ausfallquote ist hoch: Hyundai-Werkspilot Freddy Loix fährt eine Bestzeit, verabschiedet sich aber nach einem Unfall.

Einen schweren Crash hat auch Mitsubishi-Pilot François Delecour. Hyundai-Mann Armin Schwarz hat auf der gleichen Prüfung massive Motorprobleme, er passiert die Unfallstelle von Delecour – und parkt sein Auto wenig später neben Burns Peugeot. Gemeinsam löschen sie ein Feuer an Schwarz Motor. Dann sprechen sie über den Delecour-Unfall. „Es sah aus, als hätte er sich die Radaufhängung abgerissen", glaubt Schwarz. Blitzschnell entscheiden sie, zum havarierten Mitsubishi zurückzulaufen. „Es war einer der schlimmsten Unfälle, die ich je ge-

Erste Hilfe – Ärzte und Fahrerkollegen kümmern sich an der Unfallstelle um den verletzten Daniel Grataloup

Gruppe N – Stohl gewinnt, Singh (unten) ist Meister

Motorschaden – Richard Burns hilft Schwarz, den Hyundai zur Seite zu schieben

Titel weg – Kristian Sohlberg parkt mit Aufhängungsdefekt und wird „nur“ Gruppe N-Vize-Weltmeister

sehen hatte“, erkennt der Deutsche. „Überall auf der Strecke lagen Teile.“ Analysen ergeben, dass Delecour einen Baumstumpf in der Innenseite einer Kurve übersehen hat, das Auto steigt auf, kracht ungebremst frontal in einen Baum. Durch den Aufprall wird der Motor herausgerissen. Der Käfig hält den Belastungen stand, trotzdem erleidet Beifahrer Daniel Grataloup eine Vielzahl von Brüchen an Bein, Becken, Schulter, Rippen und Wirbeln. Bitter für den französischen Copiloten:

Platz verschenkt - Carlos Sainz verliert durch einen Überschlag eine Minute. Nach Mäkinens Ausschluss rückt er wieder auf Platz vier vor

Der nächste Finne

Bei den WM-Rallyes in Neuseeland und Australien fährt der Finne Juuso Pykälistö einen seriennahen Mitsubishi mit einer dreistelligen Startnummer. Es ist ein Einsatz mit kleinem Budget und in einem privaten Team. Das Ergebnis: Ein glanzloser zwölfter Platz und ein Ausfall. Und doch sollte man sich den Namen Juuso Pykälistö merken: Denn der 27 Jahre alte Rallye-Profi aus Finnland ist bereits Peugeot-Werksfahrer. Der Schützling des Weltmeisters Marcus Grönholm wurde von Peugeot Sport für die nächsten drei Jahre verpflichtet. Die Hauptarbeit des Schotterspezialisten: Er wird Testfahrer, zusätzlich darf er in der Saison 2003 fünf WM-Einsätze mit einem Peugeot 206 WRC im Bozian-Team bestreiten. „Marcus Grönholm hat sich für Pykälistö engagiert", erklärte Peugeot-Sportchef Corrado Provera. „Wir vertrauen auf sein Urteil, außerdem hat Teamchef Jean-Pierre Nicolas den Junior selbst unter die Lupe genommen." Pykälistö fuhr 1994 im Alter von 19 Jahren seine erste Rallye, danach war er lange in der Finnischen Rallye-Meisterschaft unterwegs. Ab 1997 startete er in privater Initiative hin und wieder bei WM-Rallyes. Seinen ersten Einsatz als Peugeot-Werksfahrer absolviert Pykälistö bereits wenige Stunden nach der Vertragsunterzeichnung. Bei der Rallye Finnland steuert er einen brandneuen Peugeot 206 WRC, denn sein „altes" Auto, ein Toyota Corolla, ist in der finnischen Rallye-Meisterschaft abgebrannt. Und Pykälistö feiert einen Einstand nach Maß: Er liegt bei seiner Heimatrallye auf dem fünften Rang, scheidet dann aber mit einem technischen Defekt aus.

Grönholms Geheimtipp – Juuso Pykälistö soll 2003 für Peugeot testen und einige WM-Rallyes fahren

Bauchlandung – Colin McRae beschädigt nach einer Sprungkuppe den Kühler seines Ford Focus

Bereits im Vorjahr hatte er in Australien einen schweren Unfall. „Dieses Mal wurde ich nicht bewusstlos, sondern konnte mich an alles erinnern", berichtet Grataloup im Krankenhaus.
Der Unfall sorgt für eine neue Diskussion über Sicherheit. Denn auch der Belgier François Duval hat einen schweren Crash. Glück für den Ford-Junior - er erleidet nur schwere Prellungen. „Wir müssen mit Unfällen leben", bleibt Petter Solbergs Beifahrer Phil Mills gelassen. „So ist der Rallyesport, wir haben nun einmal keine Kiesbetten neben der Strecke. Die Frage ist eher, ob die Fernsehstationen die Unfälle zeigen müssen..."
Mills und Solberg bleibt nur wenig Zeit, über die Risiken des Sports nachzudenken: Sie müssen kämpfen. Von hinten rückt Harri Rovanperä unerbittlich näher. Auf der drittletzten Prüfung ist der Finne 25 Sekunden schneller und geht an Solberg vorbei. „Die Charakteristik der Strecken war anders als an den Tagen zuvor, die Peugeot waren uns überlegen", analysiert Solberg. Trotzdem ist er mit Rang drei hinter Marcus Grönholm und Harri Rovanperä zufrieden.
Tommi Mäkinen, von Reifenproblemen geplagt, ist immer noch Fünfter und kann nicht in den Kampf um die vorderen Plätze eingreifen. Kurz vor dem Ziel überschlägt sich Carlos Sainz und verliert eine Minute. Mäkinen erbt Rang vier. Lange kann er sich nicht freuen: Beim Wiegen nach der letzten Prüfung wiegt sein Subaru nur 1222 Kilo, acht Kilo fehlen auf das Mindestgewicht. „Ich verstehe nicht, wie so etwas passieren kann. Wir sind so weit gekommen und gehen nun leer aus", grollt Mäkinen. Wie zwei Jahre zuvor wird er aus der Wertung genommen und reist mit null Punkten heim. ■

Fehlersuche – Colin McRae hofft vergebens, seinen Ford wieder flott zu bekommen

Kämpfernatur – Harri Rovanperä gibt alles. Und bekommt den zweiten Platz als Belohnung

Stark gefahren – Petter Solberg wird Dritter

Flug-Übung – Loeb beim Australien-Debüt

Blaues Wunder – Markko Märtin (oben) ist die große Überraschung des Finales. Wachablösung – „Oldie“ Carlos Sainz (ganz rechts) muss sich den jüngeren Markko Märtin und Petter Solberg geschlagen geben

Überflieger – Petter Solberg auf dem Sprung zum Sieg

Was lange fährt – im 44. Anlauf schafft Petter Solberg endlich den ersten Sieg bei einer WM-Rallye

Märtins Tag – Platz zwei für den Ford-Youngster

Jugend forsch

Petter Solberg ist der Held des WM-Finales: Einen Tag vor seinem 28. Geburtstag feiert er seinen ersten Sieg bei einem WM-Lauf. Sein härtester Gegner ist mit Markko Märtin ebenfalls ein Youngster

Ende ohne Schrecken – Armin Kremer kommt auf Platz 14 ins Ziel

Safari raus, Türkei rein

In der Saison 2003 gibt es in der Rallye-Weltmeisterschaft einige Änderungen: Die Safari-Rallye wurde wegen finanzieller Probleme aus dem Kalender gestrichen. Neu aufgenommen wurde die Rallye Türkei Ende Februar. Erstmals soll auf den Schotterstrecken in der Nähe des Touristenortes Antalya eine WM-Rallye stattfinden. Auch einige traditionelle Rallyes haben im Kalender einen neuen Platz gefunden: Die Rallye Australien wanderte vom November auf den September. Die Spanien-Rallye wurde auf Ende Oktober verlegt und findet nur eine Woche nach der Rallye Korsika statt. Das traditionelle Ende der WM-Saison 2003 ist jedoch wieder die Rallye Großbritannien. Sieben Rallyes zählen in der Saison 2003 zur Junior-WM, damit hat die Nachwuchsserie einen Lauf mehr als 2001 und 2002. Bei den restlichen sieben Rallyes, darunter auch die ADAC Rallye Deutschland, startet die Gruppe N-Weltmeisterschaft im Rahmenprogramm.

Das Reglement hat 2003 nicht viel Neues zu bieten. Aus Kostengründen wurden die Tests beschränkt: Bei europäischen Rallyes dürfen die Teams nach Beginn des Trainings bis zum Ende einer Rallye nicht testen. Bei Übersee-Rallyes sind Tests im Land eines WM-Laufs verboten.

Der Teamwechsel des Jahres: Colin McRae wechselt nach vier Jahren als Ford-Pilot zu WM-Neueinsteiger Citroën und wird dort Teamkollege des jungen Franzosen Sébastien Loeb. Das Citroën-Werksteam, das 2001 und 2002 lediglich ein limitiertes WM-Programm absolviert hat, steigt komplett in die WM ein und absolviert alle 14 Rallyes.

Es war einmal in Afrika – Szenen wie diese wird es nach dem Abschied von der Safari-Rallye nicht mehr geben

Subaru-Junior Petter Solberg wirkt bei der Rallye Großbritannien hoffnungslos: „Ich kann nur siegen, wenn Marcus Grönholm einen Fehler macht.“ Zum Ende der ersten Etappe belegt der (noch) 27 Jahre alte Norweger den guten zweiten Rang. Doch Peugeot-Mann Marcus Grönholm ist mit vier Bestzeiten in Folge an der Spitze bereits weit enteilt: Knapp 50 Sekunden beträgt nach einem Rallyetag der Vorsprung des neuen Weltmeisters. Und die Chancen, dass ausgerechnet Grönholm einen Fehler macht, sind äußerst gering. Schließlich hat der Finne in der laufenden Saison 13 WM-Rallyes fehlerfrei wie ein Roboter abgespult.

Doch auch Weltmeister patzen einmal. Auf der zweiten Prüfung des zweiten Tages kommt „Bosse“ hinter einer Sprungkuppe auf einer rutschigen Asphalt-Passage von der Strecke ab und überschlägt sich. Der Finne muss aufgeben. Und er ist nicht der einzige Fahrer, der dort neben der Strecke landet. Nur wenige Meter neben ihm verabschieden sich mit Mitsubishi-Pilot Jani Paasonen und Toyota-Privatier Tomasz Kuchar zwei Fahrer aus dem hinteren Feld an der gleichen Stelle. „Ich hatte auf der Prüfung zuvor einen Defekt an der hydraulischen Schaltung“, berichtet Grönholm. „Ich musste auf das manuelle System zurückschalten und war nicht voll konzentriert. Wir kamen zu schnell auf diese Passage und haben einen Fehler gemacht.“

Kurzes Gastspiel – Motorrad-Weltmeister Valentino Rossi scheidet früh aus

Nach Grönholms Ausfall wird der Kampf um die Spitze spannend: Markko Märtin, der kurz zuvor knapp an Petter Solberg vorbeigegangen ist, erbt die Führung. Doch Solberg gibt nicht auf: Der Norweger attackiert.

Solberg und Märtin gelten in der Rallye-Weltmeisterschaft als die junge Generation. Und beide haben viel gemeinsam: Beide sind ungefähr gleich alt, beide kamen fast gleichzeitig in die Weltmeisterschaft. Petter Solberg wurde 1999 als Junior ins Ford-Werksteam geholt, im Jahr darauf wurde er von Subaru abgeworben und traf dort auf Märtin als Teamkollegen. Beide haben gleich viel Erfahrung: Solberg

Krumm – Marcus Grönholms Peugeot (links). Doppelschlag – Grönholm und Jani Paasonen crashen an derselben Stelle

Glücklos – Armin Schwarz

Bester Senior – Carlos Sainz wird Dritter

hat 43 WM-Einsätze absolviert, Märtin 42. Beide haben bereits WM-Rallyes angeführt – und beide hoffen in Großbritannien auf den großen Durchbruch.

Im Kampf um den Sieg spielen die routinierten Fahrer nur Nebenrollen: Peugeot-Pilot Richard Burns und Ford-Star Colin McRae stecken nach Ausrutschern auf der ersten echten Waldprüfung lange im Schlamm. Burns kämpft sich immerhin noch auf Rang drei hinter den Junioren vor – um dann endgültig nach einem Unfall auszuscheiden. McRae wird noch Fünfter.

Hyundai-Werkspilot Armin Schwarz verliert am ersten Tag viel Zeit, weil die Gegensprechanlage nicht funktioniert und er sich mit Beifahrer Manfred Hiemer mit Handzeichen verständigen muss. Auf der zweiten Etappe dringt nach einem Brand am Auspuff so viel Qualm ins Auto, dass der Deutsche mit Vergiftungserscheinungen aufgeben muss. Armin Kremer absolviert bei seinem sechsten und letzten Einsatz im Ford-Werksteam eine glanz- und fehlerfreie Rallye und belegt den 14. Rang. Sein Markenkollege Manfred Stohl rodelt auf der ersten Etappe in einen Graben und fährt am Ende noch auf Platz zwölf.

Die mit 54 Kilometern längste Prüfung von Resolfen bringt am Sonntag die Entscheidung: Auf dem Wald-Klassiker kann Petter Solberg seinem Konkurrenten Märtin fast 22 Sekunden abnehmen und erobert die Führung. „Wir sind dort große Risiken eingegangen", erklärt er. Nur eine Bestzeit geht auf der dritten und letzten Etappe an Märtin, insgesamt dreimal ist Solberg schneller.

Im Ziel kann sich der Norweger nicht nur über den ersten Sieg freuen. Die zehn WM-Punkte machen ihn auch zum Vize-Weltmeister. Nach der Rallye verrät „Mr. Hollywood", warum er so motiviert war: „Als ich gestern abend ins Hotelzimmer kam, konnte ich nicht sofort schlafen. Ich machte den Fernseher an, nahm ein Glas Wein. Als die Rallye-Zusammenfassung kam, waren die Experten der Ansicht, dass Markko siegen würde. Das hat mich umso entschlossener gemacht..."

Viel Vertrauen – Marcus Grönholm und Copilot Timo Rautiainen sind verwandt und im Cockpit ein perfektes Team

Netter Roboter

Die Erfolge des zweifachen Weltmeisters Marcus Grönholm machen anderen Fahrern Angst. „Er ist ein Roboter aus einer anderen Welt, der von einem verrückten Professor ferngesteuert wird“, meint Teamkollege Gilles Panizzi. Nicht nur Grönholms fehlerfreie Leistungen sind ungewöhnlich: Der Finne ist zudem ein Spätstarter in der WM

Weiter Weg zum Erfolg – Grönholm fährt lange im privaten Toyota, wie 1998 in Finnland (1. Foto). 1999 bestreitet er einige Rallyes im Mitsubishi als Vorbereitung für den Peugeot-Einstieg (2. Foto). 2000 kommt der Durchbruch mit dem ersten Sieg in Schweden (3. Foto) und am Saisonende der WM-Titel. 2001 ist ein Jahr mit Unfällen und technischen Defekten (4. Foto)

Der Weltmeister privat – Marcus Grönholm mit Ehefrau Tessa und den Kindern vor ihrem Haus in Inkoo

Als Peugeot-Teamchef Jean-Pierre Nicolas im Jahr 1999 für das WM-Projekt Marcus Grönholm verpflichtet, ist seine Entscheidung umstritten. Schließlich ist der Fahrer zu diesem Zeitpunkt bereits 31 Jahre alt und weist nur wenige internationale Erfolge auf. Doch Nicolas, der Mann mit der großen Nase, beweist den richtigen Riecher auf der Suche nach einem geeigneten Piloten für den neuen Peugeot 206 WRC: Grönholm macht aus dem Fahrzeug ein Siegerauto und er wird im Jahr 2002 zum zweiten Mal nach 2000 Weltmeister. „Peugeot hat mein Leben verändert", gesteht Grönholm. „Ich bin so lange mit privaten Autos gefahren, als ich dann zu Peugeot kam, fühlte ich mich sofort wohl."

In der Rallye-Szene ist Grönholm neben McRae und Sainz zu einem Superstar aufgestiegen. Doch Star-Allüren kennt der Ex-Landwirt trotz seiner Erfolge nicht. Als sein Auto in San Remo zum wiederholten Male unter Hydraulikproblemen leidet, springt er aus dem Cockpit, sagt „Shit car" und muss lachen. Einige seiner Kollegen hätten mit einer bitteren Miene ihren Ingenieur zum Krisengespräch gebeten.

Grönholm hat seine Coolness, Relaxtheit und Freundlichkeit aus den Höhen und Tiefen im Rallyesport gelernt: Als er noch ein kleiner Junge ist, kommt sein Vater, ebenfalls Rallyefahrer, bei einem Testunfall ums Leben. Trotzdem entscheidet sich der junge Landwirt später, in den Rallyesport einzusteigen. Viele Jahre fährt er in der finnischen Meisterschaft und absolviert einige WM-Gastspiele, zumeist mit einen Toyota Celica. Die erste große Chance bietet ihm Toyota-Teamchef Ove Andersson. Grönholm darf bei seiner Heimrallye den neuen Toyota Corolla fahren. Er liegt in guter Position, als das Auto ohne Benzin ausrollt. Chance schuldlos vertan.

Mit Ehefrau Tessa, einer ehemaligen Finnair-Stewardess, und den drei Kindern lebt Marcus Grönholm auf einem selbst renovierten Bauernhof eine halbe Autostunde von Helsinki entfernt. Die Felder hat er an einen Cousin verpachtet, den Traktor nutzt Grönholm nur als Fortbewegungsmittel. Auch Beifahrer Timo Rautiainen wohnt in der Nähe – er ist mit Grönholms Schwester verheiratet, mit jener Frau übrigens, die als Kind den Namen „Marcus" nicht aussprechen konnte und ihrem Bruder den Spitznamen „Bosse" verlieh.

Bereits jetzt möchte der Finne, der zur schwedisch sprechenden Minderheit in seinem Land zählt, andere Fahrer an seinem Erfolg teilhaben lassen: Seit Saisonstart 2002 unterstützt er seinen Landsmann Juuso Pykälistö. Die Ratschläge und Kontakte des zweimaligen Weltmeisters verhelfen dem Nachwuchstalent immerhin zu einem Testfahrer-Vertrag bei Peugeot. Grönholm selbst konnte auf derartige Hilfe nie zählen: Er erhielt nie Unterstützung von Juha Kankkunen oder anderen Rallye-Größen.

Ein großes Ziel hat der Schotterspezialist noch: „Ich möchte eine Asphalt-Rallye gewinnen." Seine zweiten Plätze auf Korsika und in San Remo zeigen, dass er dies bald schaffen kann. Sicher hat der verrückte Professor den Roboter schon programmiert... ■

Die stärksten Meisterjäger

PORTRÄTS

WM

2. PLATZ

Petter Solberg

gilt als eines der größten Talente in der Rallye-Weltmeisterschaft. Bereits in seinem vierten WM-Jahr kann er das Tempo der Spitze mitgehen. Bei der Rallye Australien führt er anfangs sogar das Klassement an. Fünfmal in der Saison 2002 fährt er aufs Podium. Oft setzt er sich dabei gegen erfahrene Teamkollegen durch. Im internen Duell bei Subaru hat der 27 Jahre alte Profi aus dem norwegischen Spydeberg in der WM-Tabelle die Nase vor seinem Teamkollegen Tommi Mäkinen, immerhin einem vierfachen Weltmeister. Und beim Finale schafft er endlich den ersten Sieg. Solberg, gelerner Anstreicher und Tanzlehrer, hat sich auch in der Profi-Szene der Weltmeisterschaft seine jugendliche Unbekümmertheit bewahrt. Seine strahlende Miene hat ihm den Spitznamen „Mr. Hollywood" eingebracht. Solberg kam 1999 in die WM und fuhr sechs WM-Läufe für Ford. Bereits zur Saisonmitte 2000 wurde der Nachwuchsfahrer von Subaru abgeworben. „Er wird sicher einmal sehr erfolgreich", urteilt Weltmeister Grönholm. „Petter braucht noch Erfahrung."

3. PLATZ

Carlos Sainz

gilt in der WM-Szene als Perfektionist - und als Urgestein. Seit 1987 ist der inzwischen 40 Jahre alte Spanier auf den Wertungsprüfungen zwischen Monte Carlo und Neuseeland unterwegs. Sainz beweist sich als konstanter Fahrer: Er hat nur wenige Unfälle und gilt als zuverlässiger Punktesammler. Teamchefs schätzen seine Fähigkeit, ein Rallyeauto zu entwickeln. Lange Zeit ist seine Karriere eng mit Toyota verbunden: Mit den Japanern wird er 1990 und 1992 Weltmeister. Nach Zwischenstationen bei Lancia, Subaru und Ford kehrt er 1998 zu Toyota zurück und verpasst er den dritten WM-Titel nur knapp, als der Motor seines Corolla wenige Meter vor dem Ziel platzt. Nach dem Toyota-Rückzug aus dem WM wechselt der Ausnahme-Sportler, der in seiner Jugend auch im Fussball und Squash erfolgreich war, zu Ford. In der Saison 2002, seinem dritten Jahr bei Ford, kann „El Matador" nur einen Sieg erringen. Und diesen Erfolg erbt er: Als in Argentinien die Peugeot-Piloten Grönholm und Burns disqualifiziert werden, ist plötzlich Sainz vorn.

4. PLATZ

Colin McRae

ist mit 25 Siegen der bislang erfolgreichste Rallye-Fahrer der WM-Geschichte. 1995 wurde der Schotte mit einem Subaru Impreza Weltmeister. In der Saison 2002 erlebt Colin McRae jedoch viele Höhen und Tiefen: Bei den WM-Einsätzen auf rauem Schotter in Griechenland und Kenia siegt er. Doch er leistet sich auch viele unnötige Fehler. Auf Zypern verschenkt er den fast schon sicheren Sieg durch zwei Überschläge. In Neuseeland versenkt er seinen Ford Focus RS WRC neben der Strecke und bringt sich um die letzte Chance, Weltmeister zu werden. In Australien muss er nach einer harten Landung vorzeitig aufgeben. Für die Saison 2003 sucht der Schotte eine neue Herausforderung: Nach vier Jahren als Ford-Werksfahrer wechselt er zum Neueinsteiger Citroën. Dort wird sich der Schotte nicht nur an ein neues Auto und an ein neues Team gewöhnen müssen. Auf McRae wartet dann auch ein besonderes Abenteuer: Um in seinem neuen Team zu arbeiten, wird er Französisch lernen müssen - seine erste Fremdsprache.

5. PLATZ

Richard Burns

kann an die Erfolge des Vorjahres nicht anknüpfen. Der Weltmeister von 2001 wechselt von Subaru zu Peugeot und hadert dort anfangs mit der Sitzposition in seinem neuen Sportgerät. Erst zur Saisonmitte findet er volles Vertrauen in den Peugeot 206. „Ab der Finnland-Rallye habe ich mich dann richtig wohl gefühlt", lautet sein Fazit. Mit zehn WM-Siegen zählt Burns in der WM zu den zehn erfolgreichsten Piloten aller Zeiten. Doch auf seinen ersten Sieg wartet er 2002 vergeblich: Obwohl der 31 Jahre alte Brite immer wieder WM-Läufe anführt, kann er seine Stärke nicht in Siege umsetzen. Mal fehlt ihm das letzte Quäntchen Speed, wie bei der Rallye Deutschland. Manchmal macht er Fehler, wie in Finnland, Neuseeland und Großbritannien, die ihn um die Vizeweltmeisterschaft bringen. Doch Burns hat in seiner Karriere das Warten gelernt: Der Rallye-Profi, dem 1994 mit Subaru der WM-Einstieg gelang, musste sich 1999 und 2000 jeweils mit Rang zwei zufrieden geben. Erst im dritten Anlauf konnte er sich 2001 den Titel sichern.

6. PLATZ

Gilles Panizzi

ist eine der eigenwilligsten Figuren in der Rallye-WM: Während der Einsätze platzt er fast vor Ehrgeiz und Anspannung. Der 37 Jahre alte Franzose, Maurer von Beruf, erlebt 2002 die erfolgreichste Saison seiner Karriere. Der Mann aus Monte Carlo feiert drei Siege. Panizzi ist ein echter Asphalt-Spezialist: Auf diesem Untergrund ist er nur schwer zu schlagen. Die Kehrseite der Medaille: Auf Schotter hat er nur wenig Erfahrung. Deshalb spielt Panizzi im Titelkampf keine Rolle. In der Saison 2002 kann sich der Franzose allerdings über ein komplettes WM-Programm freuen: Die Asphalt-Rallyes - mit Ausnahme der ADAC Rallye Deutschland, wo er wegen einer Verletzung fehlt - bestreitet er im Werksteam. Um Erfahrungen auf Schotter zu sammeln, steuert er bei den übrigen Veranstaltungen einen Peugeot 206 des Bozian-Teams. Panizzi, der Französische Meister von 1996 und 1997, gilt als Familien-Mensch: Auf dem Beifahrersitz kommt Bruder Hervé zum Einsatz, Ehefrau und Töchterchen sind bei allen Einsätzen als Zuschauer dabei.

7. PLATZ

Harri Rovanperä

wartet noch immer auf den ganz großen Durchbruch. Der inzwischen 36 Jahre alte Finne aus der Rallye-Metropole Jyväskylä steuert abwechselnd mit Gilles Panizzi den dritten Peugeot im Werksteam. Der Schotter-Spezialist kann allerdings das Tempo seiner Teamkollegen nicht ganz mitgehen. Rovanperä, der bei seinem ersten Peugeot-Werkseinsatz bei der Schweden-Rallye 2001 den bisher einzigen WM-Sieg verbuchte, fährt in der Saison 2002 viermal auf den zweiten Rang und macht nur wenige Fehler. Wie sein Teamkollege Marcus Grönholm hat er wenig Erfahrung auf Asphalt. Deshalb gibt ihm Arbeitgeber Peugeot die Gelegenheit, bei Asphalt-Rallyes einen Peugeot 206 des Bozian-Teams zu steuern. Mit dem Kundenauto, das den Werks-Peugeot technisch unterlegen ist, belegt er in Spanien den siebten Rang - und ist stolz darauf. 1993 feierte Rovanperä sein WM-Debüt mit einem privaten Opel. Ab 1996 fuhr der Finnische Champion von 1995 im Seat-Werksteam. Ein Jahr nach dem Seat-Rückzug kam er 2001 zu Peugeot.

WM-Debüt – Sven Haaf in Citroën Saxo Super 1600

Konstant – Andrea Dallavilla feiert im Saxo einen Sieg und drei Podiumsplatzierungen

Routinier – Andrea Dallavilla ist mit 33 Jahren kein echter Junior mehr

Die kleine Weltmeisterschaft

25 Fahrer und acht Marken sind in der Junior-WM aktiv. Die Meisterschaft, die auf Super 1600-Fahrzeugen ausgetragen wird, gilt als perfektes Sprungbrett für die WM. Erst beim Finale entscheidet sich der Titelkampf

Dani plus Sahne – Dani Sola gewinnt im gelben Saxo drei von sechs Läufen und den Titel

O Sola mio – Dani Sola, Junior-Weltmeister des Jahres 2002

Exoten – Gwyndaf Evans fährt einen MG (oben), Kosti Katajamäki den einzigen VW

Auf dem Sprung ins Werkscockpit – François Duval bestreitet ein Doppel-Programm aus Junior-WM im Ford Puma und „großer" WM im Focus WRC

Die Junior-WM, die im zweiten Jahr exklusiv auf Super 1600-Fahrzeugen ausgetragen wird, gilt als Sprungbrett in die Weltmeisterschaft. Die besten Beispiele: Sébastien Loeb sichert sich 2001 nicht nur den Titel in der „Super 1600-WM" – so hieß die Meisterschaft im Premieren-Jahr –, sondern auch ein Citroën-Werkscockpit. Und der erst 21 Jahre alte Belgier François Duval macht mit so guten Leistungen auf sich aufmerksam, dass er 2002 für Ford parallel die Junior-WM und einige Werks-Einsätze im World Rally Car bestreiten darf.

In der JWRC, so die offizielle Abkürzung, sind mit Ford, Citroën, MG, Peugeot, VW, Opel, Suzuki und Fiat acht Marken vertreten. Am Start sind bei den sechs Junior-WM-Läufen 25 Piloten aus 14 Nationen. Mit Sven Haaf im Citroën Saxo und Niki Schelle im Suzuki Ignis sind erstmals auch zwei Deutsche vertreten.

Haaf, der den WM-Einsatz privat finanziert, bestreitet gleichzeitig als Citroën-Werksfahrer die Rallye-DM. „Fahrerisch hat es mir geholfen, beide Serien zu bestreiten", erklärt er. „Die drei Tage bei der Spanien-Rallye haben mir sehr viel gebracht, fast mehr als eine komplette DM-Saison. Andersrum ist es gut, auch zwischen den WM-Einsätzen im Auto zu sitzen."

Doch Haaf hat kein Glück: Beim Saisonauftakt in Monte Carlo fällt er mit Kupplungsdefekt nach der ersten Prüfung aus. In Spanien wirft ihn ein Ausrutscher zurück. Bei der Rallye Akropolis fehlt er wegen einer Entzündung an der Wirbelsäule. Sein Heimspiel bei der ADAC Rallye Deutschland führt er nach der ersten Etappe an – und parkt dann mit Motorschaden. Zur San Remo-Rallye wechselt er auf einen Opel Corsa – und verliert ein Rad. Beim Saisonfinale springt der Motor nicht mehr an. „Auch wenn es ein schwieriges und wenig erfolgreiches WM-Jahr war, es ist gut, über den Tellerrand zu schauen. Ich wollte wissen, wo ich im Vergleich zu internationalen Topfahrern stehe und das kann ich nun einigermaßen beurteilen", lautet sein positives Saisonfazit. „Die JWRC ist eine sehr gute Einstiegschance, da man die WM-Strecken kennen lernt und Fahrpraxis auf einem hohen Niveau über mehrere Tage sammelt."

Landsmann Niki Schelle ist erfolgreicher: Er wuchtet den unförmigen Ignis bei der „Monte" auf Rang sechs und holt den ersten WM-Punkt. Bei der Rallye Deutschland verbucht er sogar eine Podiumsplatzierung, sehr zur Freude von Beifahrerin Tanja Geilhausen. Die Lebensgefährtin von Sven Haaf führt damit das familieninterne Duell an.

Im Kampf um den Titel spielen Schelle und Haaf keine Rolle. Den machen die beiden Citroën-Piloten Andrea Dallavilla und Nachwuchsstar Dani Sola unter sich aus. Nur ein Punkt trennt die beiden vor dem Finale. Am Ende setzt sich Sola durch, weil Dallavilla

Marken-Vielfalt – Junior-WM beim traditionellen Gruppenbild vor dem Saisonstart in Monte Carlo

durch zwei Reifenschäden weit zurückgeworfen wird.

So wird wenigstens ein echter Junior Weltmeister, denn der Name „Junior-WM“ ist irreführend: Viele Fahrer sind 30 Jahre und älter. Oldie ist der Brite Gwyndaf Evans mit 43 Jahren. Doch sollte der Weltverband FIA seine Pläne wahrmachen und 2003 ein Alterslimit von 27 Jahren einführen, können Piloten wie Dallavilla, Evans, Martin Rowe nicht mehr starten.

„Natürlich beißen sich der Name Junior-WM und ein Fahrer wie Gwyndaf Evans, aber vielleicht sollte man lieber den Namen ändern, als ältere Fahrer auszuschließen. Irgendwo ist es für neue Werke wie MG oder Suzuki wichtig, erfahrene Fahrer zu finden, die schon in der Lage sind, ein Auto zu entwickeln“, meint Haaf, der ebenso wie Niki Schelle von der Neuregelung betroffen wäre. „Zur Zeit würde ich mir wünschen, dass man die Altersgrenze aufhebt, dann könnte ich nächstes Jahr noch einmal mein Glück versuchen“, gesteht der Deutsche.

JUNIOR-WM

Man spricht Deutsch – Niki Schelle sammelt im Suzuki Ignis (oben) Punkte

MIT PIRELLI DEN WINTER IM GRIFF

Junior-Meister – Sven Haaf mit seinem neuen Co Michael Kölbach (oben), an der Zeitkontrolle (rechts) und auf Zeitenjagd (ganz rechts)

Wiederholungs-Täter

Die Deutsche Rallye-Meisterschaft 2002 ist wieder eine One-Man-Show: Matthias Kahle, der einzige Fahrer eines World Rally Cars, wird zum vierten Mal Deutscher Meister. Doch in den „kleinen“ Klassen warten bereits junge Fahrer auf ihre Chance

In der Ruhe liegt die Kraft – Matthias Kahle (links, mit Beifahrer Peter Göbel)

RALLYE-DM

Evolution – Kahles Skoda ist beim Saisonstart noch weiß, später erstrahlt er im grün-weißen Skoda-Design (links)

Vizemeister – Routinier Hermann Gaßner gewinnt mit einem Mitsubishi Carisma die seriennahe Gruppe N und wird DM-Zweiter

Der Deutsche Meister des Jahres 2002 ist der gleiche wie 1997, 2000 und 2001: Matthias Kahle. Nur das Fahrzeug ist neu: Erstmals feiert Skoda den Titel in der Deutschen Meisterschaft. Für Fahrer Matthias Kahle ist die Aufgabe, den Titel zu holen, leichter als je zuvor. Denn der Rallye-Profi aus Görlitz ist der einzige Pilot eines World Rally Cars in der Deutschen Meisterschaft. Er hat keine Gegner. Die einzige Gefahr ist, Fehler zu machen und sich selbst zu schlagen. Doch wie in den Vorjahren meistert er die Aufgabe, leistet sich keine Ausritte und Patzer. Fünf von sieben Siegen gehen auf das Konto des 33 Jahre alten Werksfahrers.

„Wir probieren einiges an den Einstellungen herum, versuchen, das Auto besser kennen zu lernen", erklärt er häufig. Kahle ist während der Einsätze stets bemüht, mehr über das Auto zu lernen und seinen Fahrstil zu verbessern.

Das Reglement der Deutschen Rallye-Meisterschaft vergibt sowohl Zähler für das Gesamtklassement als auch in den Tageswertungen der fünf Divisionen.

Punkte sammeln dürfen nur für die Meisterschaft eingeschriebene Teams. Eine Nullrunde darf sich Kahle auch trotz seiner Einzelkämpfer-Rolle nicht leisten, zu schnell könnten Fahrer aus den anderen Klassen an ihm vorbeiziehen. Doch Kahle behält einen kühlen Kopf: Bereits nach der Eifel-Rallye, dem vorletzten DM-Lauf, ist er vorzeitig Meister, zum vierten Mal in seiner Karriere.

Nur zwei Fahrer schaffen es, Kahle zu schlagen. Einer ist sein Dauer-Konkurrent: Armin Kremer. Wie Kahle hat auch Kremer zu Saisonbeginn die Marke gewechselt und bestreitet für das Ford-Werksteam ein limitiertes WM-Programm. Zur Vorbereitung auf die ADAC Rallye Deutschland startet der Mecklenburger auf den Asphalt-

Gast-Start – Armin Kremer kommt zur Eifel-Rallye und feiert den ersten Sieg im Ford

Pisten der Eifel-Rallye in Daun. Wie in den Jahren zuvor, als Kahle und Kremer in der DM gegeneinander um den Titel rangelten, liefern sie sich einen harten Fight. Erst übernimmt Kahle die Führung, wird dann durch Dämpferprobleme gebremst. Zu Beginn der zweiten Etappe liegt Kremer vorn. Doch er zeigt Nerven: Der Europameister der Saison 2001 würgt den Motor ab. Wenig später hat er einen Ausrutscher, touchiert einen kleinen Baum und trifft einen Fotografen. Doch der Fotojournalist, der schnell reagiert und sich filmreif von der Motorhaube rollen lässt, hat Glück und übersteht den Unfall völlig unverletzt. Kremer kann die Zeitenjagd fortsetzen, kämpft sich wieder an die Spitze vor – und siegt. Im Ziel der Eifel-Rallye, die erstmals zur DM zählt, haben dann Kahle und Kremer Grund zum Strahlen. Kremer freut sich über seinen ersten Saisonsieg. Und die Punkte für Rang zwei reichen Matthias Kahle zum vorzeitigen Titelgewinn.

In der Gruppe A über 2000 ccm hat Matthias Kahle nur zwei Gegner: Sandro Wallenwein und Uwe Nittel treten mit verbesserten Gruppe N-Mitsubishi in der Gruppe A an. Uwe Nittel feiert Rang zwei bei der Havelland-Rallye, scheidet aber einen Lauf später mit Motorschaden aus. Danach wird sein DM-Programm abgebrochen. Sandro Wallenwein hingegen fährt von Erfolg zu Erfolg: Der Junior aus Stuttgart, der seine erste Gruppe A-Saison bestreitet, erringt dreimal den zweiten Rang. Bei der Saarland-Rallye schafft der 28 Jahre alte Stuttgarter, der von der Fachzeitschrift sport auto gefördert wird, den Durchbruch: Als Matthias Kahle wegen einer defekten Kardanwelle Zeit verliert, setzt sich Wallenwein an die Spitze und feiert seinen ersten Sieg in der Deutschen Meisterschaft. Am Saisonende belegt der Junior hinter Hermann Gaßner und Sven Haaf den vierten Rang.

Erstmals wird in der Rallye-DM eine eigene Junior-Meisterschaft ausgetragen, teilnehmen dürfen Fahrer von Super 1600-Fahrzeugen, die 1970 und später geboren sind. Nur drei Fahrer schreiben sich für die neue Serie ein: Citroën-Pilot Sven Haaf, Opel-Mann Christoph Schleimer und der Finne Kosti Katajamäki im VW. In der Junior-DM dominiert Sven Haaf: Fünf von sieben Siegen gehen auf das Konto des Citroën-Piloten. „Ich hatte halt das nötige Quäntchen Glück", meint der Kfz-Meister rückblickend. „Außerdem ist der Citroën Saxo ein ausgereiftes Auto, das bereits in verschiedenen Serien zum Einsatz gekommen ist." Nur zweimal muss sich der junge Mann

Konstant – Honda-Pilot Peter Corazza gewinnt die Privatfahrer-Wertung

Auf dem Weg nach oben – Sandro Wallenwein (links und oben) wechselt auf einen Gruppe A-Mitsubishi und feiert bei der Saarland-Rallye den ersten DM-Sieg

Erfolgreich – Skoda-Junior Martin Möckl gewinnt mit einem Octavia Kitcar das teaminterne Duell gegen Andreas Gerst

Aufsteiger – Holger Knöbel, Sieger im ADAC Junior Cup 2001, steigt mit einem VW Golf Kitcar in die DM auf. Bestes Ergebnis: Rang drei bei der Castrol-Rallye

aus Windeck geschlagen geben. Als er bei der Castrol-Rallye wegen eines Reifenschadens und eines Elektrikdefekts Zeit verliert, sichert sich Opel-Pilot Christoph Schleimer den einzigen Sieg. Beim Saisonfinale rutscht Haaf von der Strecke und scheidet später mit Elektronikdefekt aus. Am zweiten Tag darf der Junior-Meister wieder starten, verpasst allerdings durch den Fehler am ersten Tag den Vizemeister-Titel nur knapp.

Für den zu Saisonbeginn 29 Jahre alten Schleimer bietet die Saison 2002 mehr Tiefen als Höhen. Schleimer hadert mit mangelnder Streckenkenntnis, schließlich ist er seit Jahren nicht mehr regelmäßig gefahren. Zuletzt war er 1997 im ADAC Rallye Junior Cup unterwegs. Außerdem leidet er unter Kinderkrankheiten des Opel Corsa – wie bei der Havelland-Rallye, wo er mit einem Drosselklappendefekt ausfällt. Doch auch Schleimer macht Fehler: Bei der Eifel-Rallye rollt er bereits auf der ersten Prüfung mit kalten Reifen kopfüber in den Wald. Bei der 3-Städte-Rallye hat Schleimer einen weiteren Unfall.

Vom Pech verfolgt ist der 25 Jahre alte Kosti Katajamäki: Für den Finnen, der parallel die Junior-WM auf einem VW Polo Super 1600 bestreitet, zahlen sich die Fährüberfahrten nach Deutschland nicht aus: „Katastrophen-Mäki" ist oft schnell, sieht aber bei keiner Rallye das Ziel. Meist ist für ihn schon auf der ersten Etappe Schluss, oft bremsen ihn technische Defekte. Bei der 3-Städte-Rallye führt er die Junior-Wertung bis zwei Prüfungen vor Schluss an – und fällt dann mit Motorschaden aus. Kleiner Trost: Am ersten Tag der 3-Städte-Rallye kassiert er 20 Punkte für den Sieg in der Tageswertung.

Gute Schule – Tina Grewe (links, mit Beifahrerin Tanja Geilhausen) steigt vom ADAC Rallye Junior Cup in einen Gruppe A-Saxo um und sammelt wertvolle Wettbewerbs-Kilometer und wichtige Erfahrungen

Technik-Pech – Uwe Nittel (oben links). Trauer – Bertram Schwalié verunglückt bei einem Unfall auf dem Weg zur Eifel-Rallye tödlich. Die DM-Szene trauert um den Copiloten (Mitte). Schnelle Dame – Christine Dietl (rechts) gewinnt beim Saisonauftakt in der Gruppe N

RALLYE-DM

Klassensieger – Renault-Pilot Carsten Mohe und Timo Gottschalk sind mit einem Mégane Kitcar das erfolgreichste Team in der Gruppe A bis zwei Liter Hubraum

Heiß umkämpft ist die „Kitcar-Klasse“, die Gruppe A bis zwei Liter Hubraum. Hier herrscht Marken-Vielfalt: Renault-Pilot Carsten Mohe trifft auf die Skoda-Junioren Martin Möckl und Andreas Gerst. Ebenfalls dabei: Holger Knöbel. Der 26 Jahre alte Student hat in der Saison zuvor den ADAC Rallye Junior Cup gewonnen. Die Siegprämie nutzt er als ersten Baustein für seine Saison im VW Golf Kitcar. Bei seinem vierten Einsatz, der Castrol-Rallye, feiert Knöbel den größten Erfolg: Divisionssieg und Platz drei im Gesamtklassement. Im nächsten Lauf die Ernüchterung: Bei der Eifel-Rallye hat er einen teuren Unfall. Zum Saisonfinale, der 3-Städte-Rallye, scheidet er mit Motorschaden aus.

Der erfolgreichste Kitcar-Pilot ist Carsten Mohe. Der Crottendorfer gewinnt dreimal seine Division und beendet die Saison mit Gesamtrang sechs. Für den Renault-Piloten wäre noch mehr möglich gewesen: Bei der Castrol-Rallye führt er nach der Auftaktprüfung auf dem Schleizer Dreieck sogar das Gesamtklassement an. Doch die Ernüchterung folgt sogleich: Motorschaden. „Der Öldruck fiel plötzlich ab, das Triebwerk machte Geräusche“, so Mohe, der sein Auto direkt im Ziel der Prüfung abstellen muss. „Ich war maßlos enttäuscht.“

Beim Saisonauftakt, der Oberland-Rallye, setzt sich Martin Möckl in der Kitcar-Klasse durch und feiert seinen einzigen Divisionssieg. Beim nächsten Lauf, der Havelland-Rallye, geht der Erfolg an den niederländischen Gastfahrer Jan de Winkel im VW.

DM-Comeback – Christoph Schleimer pilotiert einen Opel Corsa Super 1600

Für Leib und Seele – Christian Mohr verwöhnt das Citroën-Team

In der seriennahen Gruppe N hat der Bayer Hermann Gaßner das Geschehen fest im Griff. Zumindest fast. Denn beim Saisonauftakt muss er sich Christine Dietl geschlagen geben. Weil Hermann Gaßner mit einem Motorschaden ausfällt, übernimmt sie die Führung. „Ich dachte, jetzt muss ich die Team-Ehre retten", so die Mitsubishi-Pilotin, die ein Auto aus dem Haus Gaßner pilotiert. „Ich war furchtbar aufgeregt." Die zu Saisonbeginn 28 Jahre alte Fahrerin behält die Nerven und feiert ihren ersten Gruppe N-Sieg. Obwohl sie nur ein kleines Budget zur Verfügung hat, beschließt sie, die komplette DM-Saison zu bestreiten. „Viele Rallyes sind für mich neu", so Dietl. Am Ende belegt sie DM-Rang 19. Die anderen Fahrer in der Division spielen nur Nebenrollen: Mitsubishi-Mann Marcus Hesse hat einige Ausfälle, sammelt aber auch fleißig Punkte. Die Subaru-Piloten Bernhard Sagerer und Dark Liebehenschel bestreiten nur ein limitiertes Programm.

Opel gegen Honda und Seat – so lautet der Kampf in der kleinsten Klasse der Deutschen Meisterschaft. In der seriennahen Gruppe N bis zwei Liter kämpft Honda-Pilot Peter Corazza gegen seinen Markenkollegen Frank Höhner und Opel-Mann Horst Rotter sowie gegen eine handvoll weiterer Gegenspieler auf Seat und Opel. Doch hier ist Corazza der überragende Mann: Fünf von sieben Saisonsiegen gehen auf das Konto des 31 Jahre alten Fahrsicherheits-Instruktors im Honda Civic Type R, der die Saison auf Rang fünf als bester Privatfahrer beendet. Bei der Eifel-Rallye und der 3-Städte-Rallye gehen die Divisionssiege an den Opel-Piloten Horst Rotter.

Die Rallye-DM ist auch ein Tummelplatz für junge Fahrer: Junioren wie Ronny Amm, Maik Steudten und Rainer Jostes nutzen die Chance, dass der ADAC Junior Cup teilweise im Rahmenprogramm der DM stattfindet. Sie setzen sich in beiden Serien in Szene und sammeln neben ersten DM-Punkten in der Gruppe N bis zwei Liter Hubraum auch jede Menge Streckenkilometer und Erfahrungen.

Routinier – Horst Rotter (unten links) feiert Klassensiege im seriennahen Opel Astra. Doppelprogramm – Kosti Katajamäki (rechts und Mitte) startet mit seinem VW Polo auch in der Junior-WM. In Deutschland hat der Finne viel Pech mit der Technik

Der Durchbruch – Matthias Kahle steigt nach einer Toyota-Nachwuchssichtung in die DM ein

Rekord-Meister

Matthias Kahle zählt in der Deutschen Rallye-Meisterschaft zu den stillen Stars. Er besticht nicht durch auffällige Sprüche, sondern durch konstante Erfolge

Der Skoda-Werkspilot Matthias Kahle macht am liebsten durch schnelle Zeiten und äußerste Zuverlässigkeit auf den Wertungsprüfungen von sich reden. In der Saison 2002 gewinnt der 33 Jahre alte Rallye-Profi aus Görlitz zum vierten Mal den Titel in der Rallye-DM.

Damit zieht Kahle in der ewigen Bestenliste an Armin Kremer und Dieter Depping vorbei, die jeweils „nur" drei Mal Deutsche Meister wurden. Auch Harald Demuth und Armin Schwarz, die je zweimal den Titel gewannen, hat Kahle längst hinter sich gelassen. „Die Erfolge sind schön, sie sind gut für die Statistik", freut sich „MK". „Doch für meine Zukunft sind sie nicht wichtig." Denn in der Zukunft – so hofft Kahle – wartet noch eine Chance in der Rallye-WM auf ihn.

Eine weitere Bewährungsprobe hat er in der Saison 2002: Beim WM-Debüt der ADAC Rallye Deutschland darf der Rekord-Meister den dritten Skoda Octavia im Werksteam steuern und ist damit erstmals in seiner Karriere für die Marken-WM nominiert. Doch er hat Pech und fällt mit Motorschaden aus, noch ehe er auf sich aufmerksam machen kann. Aber Kahle kämpft weiter: „Ich muss spätestens nächstes oder übernächstes Jahr in die WM kommen. Sonst ist der Zug abgefahren. Nur darüber mache ich mir Gedanken."

Ein Wettlauf mit der Zeit, denn Matthias Kahle ist im Rallyesport ein Spätstarter: Mit 21 Jahren absolviert er die Rallyeschule des ADAC und kurvt mit seinem alten Trabant durch die Wälder. Es dauert zwei weitere Jahre, bis er endlich seine erste Rallye fährt. Der Durchbruch für den gelernten Maschinen- und Anlagen-Monteur, der bis zu seinem Einstieg ins professionelle Rallye-Geschäft einen High-Tech-Bagger im Braunkohle-Tagebau steuert, kommt 1996: Kahle gewinnt eine Nachwuchs-Sichtung von Toyota und der Zeitschrift auto, motor und sport. Der Lohn: Drei Läufe zur Deutschen Meisterschaft. Und er nutzt diese große Chance perfekt. Gleich auf der ersten Prüfung setzt sich der Neuling im Toyota Celica mit 32 Sekunden Vorsprung gegen den routinierten Dieter Depping durch. „Toyota-Teamchef Ove Anderson war der Mann, der mir in meiner Karriere am meisten geholfen hat", blickt er zurück. „Ich war unbekannt und jung, und er hat mich in so ein Auto gesetzt. Und mein ehemaliger Beifahrer Dieter Schneppenheim hat mir über die Jahre mit seiner Erfahrung sehr geholfen."

Bereits 1997 wird Kahle erstmals Deutscher Meister im Toyota. „Der erste Titel 1997 war der schönste. Das erste

-Fieber – „MK“ erringt im Seat Cordoba zweimal die DM-Krone

Vierter Titel – Kahle gewinnt im Premieren-Jahr von Skoda

Mal ist immer das schönste, weil alles neu ist“, erinnert er sich. Im Jahr darauf verliert er den Meister-Titel knapp an Dauer-Gegner Armin Kremer.

1999 kommt der internationale Durchbruch: Kahle darf vier Einsätze im Toyota Corolla in der Rallye-WM bestreiten und glänzt durch drei Top 10-Platzierungen. Doch selbst nach einem siebten Rang bei der Rallye Neuseeland nehmen die großen Teamchefs von dem stillen Mann aus Görlitz nicht genügend Notiz. Zurück in Deutschland gewinnt Kahle 2000 und 2001 für Seat den DM-Titel. Nachdem sich der spanische Hersteller aus dem Rallyesport zurückzieht, wartet mit Skoda bereits der nächste Arbeitgeber.

2002 ist Kahle als einziger Fahrer eines World Rally Cars ein Einzelkämpfer und steht schon nach sechs der sieben Läufe im Skoda Octavia WRC als neuer Champion fest. Neu ist nicht nur das Auto, sondern auch der Copilot: Mit dem Journalisten Peter Göbel, der den langjährigen Beifahrer Dieter Schneppenheim ersetzt, kommt Kahle auf Anhieb gut klar.

Auch nach vier DM-Titeln blickt der Rekord-Champion nach vorn. „Mein Ziel ist ganz klar, in die WM zu kommen“, betont er. Noch hat der Deutsche die Hoffnung nicht aufgegeben: „Ich denke nicht ans Aufhören. Ich arbeite daran, dass ich meine Chance erhalte. Marcus Grönholm hat seine WM-Chance schließlich auch erst spät bekommen.“

Starkes Team – Copilot Peter Göbel (links) weist Matthias Kahle (rechts) zum Erfolg

Klassen-Primus

Neuer Titel, neuer Champion: Citroën-Pilot Sven Haaf wird der erste Deutsche Junior-Rallye-Meister. Der 29 Jahre alte Kfz-Meister gewinnt den Titel, der exklusiv Fahrern von Super 1600-Fahrzeugen vorbehalten ist

Mit seinen 29 Jahren ist Haaf kein echter Nachwuchsfahrer mehr: Bereits 1997 gewinnt der Kfz-Meister den ADAC Rallye Junior-Cup und schafft damit den Sprung in einen Mitsubishi Lancer in der DM. „1998 war das erste Jahr in einem Werksteam, darauf hatte ich hingearbeitet, dementsprechend habe ich es genossen", erinnert er sich.

Nach dem Umstieg auf einen Citroën Saxo in der Saison 2001 holt Haaf im zweiten Citroën-Jahr den neuen Titel, der exklusiv Fahrern von Super 1600-Fahrzeugen vorbehalten ist. Zugleich geht ein Traum in Erfüllung: „Es war ein Wunsch von mir, einmal eine WM-Rallye zu bestreiten und das habe ich erreicht." Denn neben den DM-Einsätzen startet er in Eigeninitiative in der Junior-WM. Dort aber hat er wenig Glück: Bei den ersten fünf Rallyes kommt Haaf nur einmal ins Ziel. Und trotzdem ist er glücklich: „Bei der WM-Premiere der ADAC Rallye Deutschland nach dem ersten Tag die Junior-WM anzuführen, war schon geil."

Das Doppelprogramm aus WM und DM kostet viel Zeit. Doch Familie und Freunde haben Verständnis: Vater und Opa fuhren bereits Rallye. Und Lebensgefährtin Tanja Geilhausen stammt als aktive Beifahrerin ebenfalls aus dem Rallye-Geschäft.

Im Jahr 2002 kann sich Haaf nicht nur über den Titelgewinn freuen: In der DM-Gesamtwertung belegt er den beachtlichen dritten Rang vor sämtlichen Zweiliter-Fahrzeugen.

Könnte Haaf seine Karriere noch einmal starten, würde er einiges anders machen. „Ich bin zu lange nationale Rallyes gefahren und habe zu spät den Schritt in die DM gewagt. Genauso, wie ich auch viel früher einen WM-Lauf hätte fahren müssen. Der frühere Einstieg in die jeweilige Serie scheiterte meist daran, dass ich kein zu großes finanzielles Risiko eingehen wollte", erklärt er. Noch ist es für ihn nicht zur spät: Citroën-Markenkollege Sébastien Loeb ist in seinem WM-Premieren-Jahr nur 14 Monate jünger als Haaf.

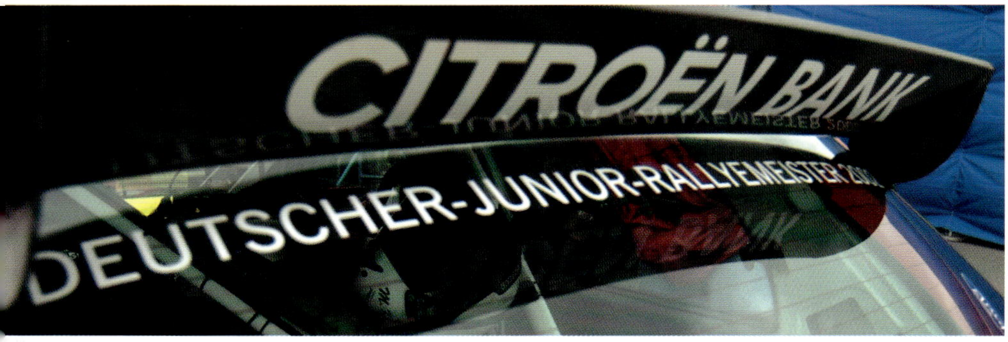

Erfolgreich – Sven Haaf in Action (unten) und mit Freundin Tanja und dem sportlichen Leiter Harald Demuth (unten links)

JUNIOR MEISTER

DM

Club-Kamerad – Sven Tröger, ein Freund von Haupt, gewinnt mit einem Honda den Gruppe H-Cup

Gast-Arbeiter – Jens Nielsen im Opel Corsa

Überraschungs-Sieger – Stefan Haupt und André Jokusch holen den Titel

CHALLENGE

Meister wider Willen

VW-Pilot Stefan Haupt will in der Saison 2002 eigentlich nicht in der Rallye-Challenge, der zweiten Rallye-Bundesliga starten. Doch es kommt anders – der Dachdecker gewinnt sogar den Titel

Mitsubishi-Mann – Uli Kübler belegt Rang vier

Familien-Bande – Norbert Moufang im Opel Kadett (oben) und Bruder Markus im BMW M3 dominierten lange die Serie. In der Saison 2002 gehen sie leer aus

Anders als in der Rallye-DM herrscht in der Rallye-Challenge, der zweiten Liga, Spannung bis zum Finale. Nach den jeweils vier Vorläufen in den Regionen Nord und Süd haben 20 Teams Chancen auf den Titel. Vor dem zweiten und entscheidenden Finale besitzen immerhin noch zehn Piloten Aussichten, die Meisterschaft zu gewinnen.

Das Feld in der zweiten Liga des deutschen Rallyesports ist bunt gemischt: Bei einigen Rallyes sind die Nachwuchsfahrer des ADAC Junior Cup am Start. Mit Matthias Prillwitz und Vladan Vasiljevic fahren sogar zwei schnelle Junioren in die Top 10 vor.

Andere Piloten haben mehr Erfahrung: Der Däne Jens Nielsen mit Co Erik Worm beispielsweise. Er fährt extra mit deutscher Lizenz, damit er gewertet werden kann. Im Opel Corsa Kitcar ist er Punktbester in den Nord-Vorläufen, muss aber aus beruflichen Gründen das erste Finale im Erzgebirge auslassen. Letztlich reicht es noch zum siebten Gesamtrang.

Armin Holz, der Challenge-Meister von 1993, steigt erst nach dem ersten Vorlauf in die Serie ein, schafft zusammen mit seinem saarländischen Co Jörn Limbach trotz Doppelbelastung aus Challenge und Rallye-DM im VW Golf Kitcar dennoch den dritten Platz.

Carsten Alexy hat viele technische Probleme mit dem Audi S2 Quattro und kommt nie richtig in Fahrt, durch konstante Leistungen erringt er dennoch Platz sechs. Beim Finale wird er eingebremst, denn in dem rauchenden Wrack des Moufang-Kadetts, an dem er in der Dunkelheit vorbeifährt, sitzt seine Freundin Michaela Frenzel.

Norbert Moufang sieht lange aus wie der sichere Sieger: Durch vier ungefährdete Klassensiege in der Region Süd bringt er die maximalen Punkte in die Endläufe. Aber beim ersten Finale in Chemnitz bremst ihn die Technik und er verliert erstmals seine Klasse. Im zweiten Finale leistet er sich nach 300 Metern in der ersten Prüfung einen Abflug. Schon im Jahr zuvor verlor er in Schleswig Holstein den möglichen vierten Challenge-Titel.

VW-Pilot Stephan Haupt und Copilot André Jokusch wollten eigentlich keine Challenge fahren. In ihrer ersten Saison, in der sie eine komplette Meisterschaft bestreiten, ist der Gruppe H-Cup geplant. Doch die ersten Läufe sind identisch, so dass sie plötzlich mit ihrem Plauener Clubkameraden Sven Tröger (Honda Civic) doch die komplette Challenge fahren. Den H-Cup gewinnt Tröger vor Haupt, in der Challenge ist das Resultat umgekehrt.

Dachdecker Stefan Haupt, der wenige Tage vor dem Finale 27 Jahre alt wird, fährt seit 1996 Rallyes. Eine Woche vor dem Finale in Schleswig-Holstein startet er bei einer nationalen Rallye in Berlin und überschlägt sich nach 300 Metern der ersten WP mit seinem VW Golf vierfach. Erst durch eine Gewaltaktion von Freunden wird die Karosse in nächtelanger Arbeit so geradegebogen, dass der Start in Holstein gesichert ist. Aus Zeitgründen ist kein Test möglich, Haupts Auto muss von der Garage auf den Hänger und gleich zum Start. Die Geschichte hat ein Happy End: Der zweite Klassenplatz bringt den Challenge-Titel.

Titel gewonnen – Ronny Amm im Citroën Saxo (links). Fahrer-Parade – Ronny Amm (unten, von links), Matthias Prillwitz, „V-Man", Maik Steudten und Joachim Burgard

ADAC JUNIOR CUP

Die Stars von morgen

Der ADAC Rallye Junior Cup boomt in der Saison 2002: Mit 18 Fahrern ist die Nachwuchs-Serie, die auf Gruppe N-Fahrzeugen mit Frontantrieb und serienmäßig maximal 130 PS ausgetragen wird, so stark wie nie zuvor

Freunde helfen mit – Niels Kunzes Citroën Saxo am Service

Die Fahrer im Jahrgang 2002 des ADAC Junior Cups sind extrem jung: Der Altersdurchschnitt liegt bei knapp 22 Jahren. Sie alle eifern dem heutigen Citroën-Werkspiloten Sven Haaf nach: Schließlich ist er der erste Cup-Sieger, der es sogar bis in die WM geschafft hat.

Optimal für die Junioren: Mit Citroën und VW engagieren sich zwei Hersteller durch eigene Markenpokale im Cup, erfolgreiche Polo und Saxo-Piloten können so doppelt Punkte und Preisgeld kassieren. Neu in der Saison 2002: Dieter Schneppenheim, WM-Beifahrer von Armin Kremer, engagiert sich gemeinsam mit Klaus Stebani und fördert im KDS-Junior-Team Erfolg versprechende Nachwuchs-Piloten.

KDS-Fahrer Sebastian „Basti" Vollak, zum Saisonbeginn noch 18 Jahre alt, gelingt als bislang jüngstem Teilnehmer ein Laufsieg bei der Rallye Wartburg. Manchmal ist er, ähnlich wie auch sein 19-jähriger Teamkollege Chris Senz, zu ungeduldig. Erst zur Saisonmitte steigt der 22-jährige Markus Fahrner aus dem schwäbischen Korb in den Cup und das KDS-Team ein. Am Saisonende belegen die KDS-Junioren die Meisterschafts-Ränge fünf, acht und neun.

Der 25 Jahre alte Maik Steudten ist der Überraschungssieger beim Auftaktlauf. Bei der Oberland-Rallye rund um seinen Heimatort Schongau gewinnt der Neueinsteiger souverän. Dann folgt eine Pechsträhne: Beim nächsten Einsatz kollabiert nach wenigen Metern das Getriebe seines Saxo, in Sulingen rutscht er gegen einen Zaun. Dann läuft es wieder besser, mit der Rallye in Niederbayern gewinnt er auch die zweite bayerische Veranstaltung im Kalender. Damit zählt Steudten neben Ronny Amm, Vladan Vasiljevic, Rainer Jostes und Sebastian Vollak zu den Fahrern, die Saisonläufe gewinnen. Zugleich ist er „Rookie of the Year", also bester Neueinsteiger.

Mit einem Sieg in Sulingen übernimmt Vladan „V-Man" Vasiljevic die Führung. Der 24 Jahre alte Zahnmedizin-Student liegt zur Saisonmitte punktgleich mit Amm an der Spitze. Ein Ausritt von „V-Man" bei der Eifel-Rallye schenkt Amm die alleinige Führung und kostet wertvolle Punkte. Mit einem Sieg beim Finale beendet „V-Man" die Saison als Vizemeister.

Ronny Amm, 25-jähriger Fahrlehrer und Sicherheitsinstruktor aus dem thüringischen Frauenwald, ist der konstanteste Fahrer der Saison: Im Saarland und in der Eifel fährt er als Sieger über die Rampe. Ausgerechnet bei seinem Heimspiel bei der Wartburg-Rallye hat er einen zeitraubenden Ausrutscher in den Graben. Im Finale reicht ihm dann ein dritter Rang zum Titelgewinn. Die 25.000 Euro Preisged hat er schon verplant: „Ich will in der Saison 2003 in der DM fahren."

Die eineiigen Zwillinge Florestan und Sebastian Schindler sind nicht zu unterscheiden. Im familieninternen Duell der 19-Jährigen führt Florestan. Sie mussten jeweils zwei Läufe auslassen, um ihr Abitur zu erreichen. Genau so ergeht es auch Aaron Burkart, Sohn des ehemaligen Formel 2-Rallye-Europameisters Niko Burkart: Der VW-Pilot, der seine erste Saison bestreitet, muss ebenfalls pausieren, um erfolgreich das Abitur zu bestehen.

Junioren in Action – Maik Steudten (oben) siegt beim Saisonauftakt, Matthias Prillwitz (oben links) wird Cup-Vierter. „V-Man" (links) verpasst knapp den Titel

Junger Hüpfer – Aaron Burkart bestreitet seine erste Saison. Copiloten sind Tanja Geilhausen und Teddy Schaller

Fleißiger Punkte-Sammler – Matthias Prillwitz wird Vierter

VW CHALLENGE

Rookies – Markus Fahrner, Christian Senz und „Basti" Vollak fahren im KDS-Team (links). Auslands-Erfolg – Senz (unten) siegt in Südschweden

Erfolgreich – Sebastian Vollak siegt bei der Wartburg-Rallye

Erfolg in Serie

Bereits im zweiten Jahr hat sich die VW Polo Challenge in der deutschen Rallye-Szene etabliert. Vor allem junge Fahrer sind im Markenpokal aktiv

Nicht weniger als 19 Teams haben sich für den Markenpokal eingeschrieben, der auf seriennahen VW Polo mit 1,6 Hubraum ausgetragen wird. Die Serie ist vor allem für Einsteiger interessant: Der Rallye-Polo wird von VW Racing für einen Preis zwischen 19.000 und 21.000 Euro ausgeliefert und ist bereits rallye-fertig ausgerüstet – inklusive Käfig, Sportbremsbelägen sowie einer Sachs-Sportkupplung, höhenverstellbarem Proflex-Fahrwerk mit einstellbaren Dämpfern, Sechs-Punkt-Gurt und Schalensitzen.

Eine Alters-Begrenzung gibt es in der VW Polo Challenge nicht. Da aber die meisten Rallyes im Rahmen des ADAC Rallye Junior Cup ausgetragen werden, zieht der Markenpokal viele junge Fahrer unter 27 Jahren an, denn sie können sich in beiden Meisterschaften engagieren. Zusätzlich zu den Junior-Cup-Events zählen die Rallye Südschweden und die 3-Städte-Rallye zum Markenpokal.

Für internationales Flair ist nicht nur durch den Auslandseinsatz gesorgt: Der Cup findet auch in anderen europäischen Ländern statt. Am Saisonende wartet auf die besten Piloten ein großes Finale auf Gran Canaria. Aus Deutschland qualifizieren sich die drei punktbesten Fahrer: Vladan Vasiljevic, Sebastian Vollak und Christian Senz. Die Teilnahme lohnt sich, denn der Sieger des Finales auf der Sonneninsel wird mit einem WM-Einsatz auf einem VW Polo Super 1600 belohnt.

Der Champion in der Polo-Challenge 2002 ist ein Fahrer mit Doppelprogramm: Vladan Vasiljevic. Der erst 24 Jahre alte Zahnmedizin-Student ist zugleich Vizemeister im ADAC Rallye Junior Cup und muss sich dort nur dem Citroën-Piloten Ronny Amm beugen. In der VW-Challenge ist „V-Man" dominant: Er gewinnt sieben der insgesamt zehn Rallyes.

Auch andere junge Fahrer machen auf sich aufmerksam, darunter die Piloten des KDS-Teams, das von Profi-Beifahrer Dieter Schneppenheim ins Leben gerufen wird. KDS-Fahrer Christian „Carlos" Senz gewinnt den Auslands-Start in Südschweden – es ist zugleich sein erster Einsatz auf Schotter. Sein Teamkollege Markus Fahrner kommt erst im Sommer ins Team und feiert bei seinem Debüt bei der Eifel-Rallye gleich seinen ersten Sieg in der Cup-Wertung. Als auch Sebastian Vollak bei der Wartburg-Rallye siegt, haben alle drei KDS-Junioren je einen Laufsieg verbucht.

Für einige Junioren ist die VW Polo Challenge die erste Station im Motorsport: Aaron Burkart beispielsweise, Abiturient und Sohn des ehemaligen Formel 2-Rallye-Europameisters Niko Burkart, sammelt ebenso seine ersten Motorsport-Erfahrungen wie die Zwillinge Florestan und Sebastian Schindler.

Bester „Nicht-Junior" ist Jürgen Kohlmann. Er feiert zwei zweite Plätze bei der Oberland-Rallye und in Sulingen. Kohlmann beendet die Saison mit dem fünften Tabellen-Rang.

Der Sieger – Vladan Vasiljevic gewinnt die deutsche Polo Challenge

Doppel-Meister – Renato Travaglia siegt in der EM und in Italien

Hallo Nachbar!

Im europäischen Ausland setzen sich einige Neueinsteiger, aber auch viele erfahrene Piloten durch

Starker Beginn – Simon Jean-Joseph und Co Jack Boyère im neuen Clio

Angriff – Cedric Robert führt Peugeot nach vorn

Johnny be good – Johnny Milner wird Britischer Meister (rechts). Guy Wilks, Tabellen-Fünfter im Ford Puma (unten)

Rauch-Zeichen – Justin Dale wird in Großbritannien nach einem Motorschaden nur Vizemeister (unten)

Brice Tirabassi (links) gewinnt im Saxo des Oreca-Teams in Frankreich

Drei Fahrer streiten in der Rallye-Europameisterschaft um den Titel: Ford-Pilot Janusz Kulig aus Polen, sein Landsmann Leszek Kuzaj mit einem Peugeot und der Italiener Renato Travaglia, ebenfalls in einem 206, sind die einzigen Fahrer, die ihr EM-Programm so organisieren, dass sie Titel-Chancen haben. Zu Saisonbeginn gehen zwei Siege mit dem Höchst-Koeffizienten 20 an Kulig. Kuzaj sichert sich ebenfalls einen Sieg. Und Renato Travaglia gewinnt die Rallye Mille Miglia, die sowohl zur Italienischen Meisterschaft als auch zur EM zählt. In der zweiten Saisonhälfte holt Travaglia auf und siegt bei der ELPA-Rallye und der Barum-Rallye und sichert sich den Titel. Janusz Kulig hat vor allem mit technischen Defekten zu kämpfen: Nicht weniger als fünf Mal streikt an seinem Ford Focus WRC die Servolenkung.

Renato Travaglia ist doppelt erfolgreich: Er wird gleichzeitig auch Italienischer Rallye-Meister. Genau wie Matthias Kahle in Deutschland ist er ein Einzelkämpfer – er hat in seiner Heimat keine ernstzunehmende Konkurrenz. Spannender ist das Geschehen im italienischen Super 1600-Cup: Dort sichert sich Citroën-Pilot Andrea Dallavilla den Titel vor den Fiat-Fahrern Paolo Andreucci und Giggi Galli. Ab der Saison 2003 sind in Italien zwar World Rally Cars erlaubt, doch Punkte für die Meisterschaft dürfen nur Super 1600- und Gruppe N-Fahrzeuge sammeln.

Hochsaison haben die Super 1600-Autos bereits in Frankreich: Dort gewinnt Citroën-Pilot Brice Tirabassi bereits vorzeitig den Titel. Mit Citroën, Peugeot, Renault und Ford herrscht dort echte Marken-Vielfalt. Für Neueinsteiger Renault erreicht Simon Jean-Joseph mit dem Clio Super 1600 bei den ersten fünf Starts fünf Podiums-Platzierungen, ein Sieg gelingt ihm allerdings nicht.

In Finnland dominiert zu Saisonbeginn der junge Finne Juuso Pykälistö mit einem Toyota Corolla WRC und führt die Meisterschaft an. Doch nach einem Feuer steht der Nachwuchs-Fahrer plötzlich ohne Einsatzfahrzeug da. Zudem muss er einen Lauf auslassen, weil er einen WM-Einsatz in Neuseeland geplant hat. Damit sichert sich wieder einmal Altstar Sebastian Lindholm den Titel.

Nach einem Jahr Pause wegen der Maul-und-Klauen-Seuche wird 2002 wieder die Britische Meisterschaft ausgetragen. Am Ende liegt ein Privatier vorn: Johnny Milner holt den Titel mit einem Toyota Corolla WRC. Für Milner, der bereits seit 13 Jahren auf britischen Rallyepisten unterwegs ist, bedeutet dies den größten Erfolg seiner Karriere.

In den Niederlanden setzt sich Mark Breijer in einem Subaru Impreza WRC durch. Auch in der Schweiz dominiert ein World Rally Car: Rückkehrer Christian Jaquillard feiert nach einigen Jahren Pause zusammen mit Copilotin und Gattin Christiane in einem Toyota Corolla WRC den vierten Titelsieg in seiner Heimat.

Duell der Gegensätze

Raphael Sperrer gegen Manfred Stohl: Die Saison in der Rallye-ÖM steht ganz im Zeichen eines packenden Duells zweier starker Fahrer

König von Österreich – Raphael Sperrer (rechts) setzt seine Streckenkenntnis perfekt um

Titel geholt – Raphael Sperrer wird im Peugeot 206 zum sechsten Mal Meister

Attacke – Manfred Stohl im Ford

David Doppelreiter im Seat Cordoba (oben)

Lächeln für die Fotografen – Manfred Stohl und Raphael Sperrer beim Fototermin

Schneller Junior – Beppo Harrach fährt einen seriennahen Mitsubishi

Der Titelkampf in der Österreichischen Meisterschaft steht im Zeichen von zwei Top-Fahrern: Raphael Sperrer gegen Manfred Stohl. Unterschiedlicher können zwei Fahrer kaum sein – angefangen von der Körpergröße bis zur Karriere. Wer ist schneller? Stohl, der Gruppe N-Weltmeister von 2000, der bislang noch nie eine komplette Saison in der Rallye-ÖM bestritt? Oder Raphael Sperrer, der fünfmalige Österreichische Meister? Der Ford Focus von Stohl oder der Peugeot 206 WRC von Sperrer? Was zahlt sich mehr aus – Stohls Erfahrung von unzähligen WM-Kilometern oder Sperrers perfekte Streckenkenntnis aus der Österreichischen Meisterschaft?

Die Fans bekommen einen spannenden Fight geboten: Der Auftaktsieg im Burgenland geht an den 30 Jahre alten Ford-Piloten Manfred Stohl. Sperrer hatte die Führung erobert, aber fünf Prüfungen vom Ziel entfernt hatte er einen Reifendefekt.

Dramatische Ereignisse beim zweiten Lauf, der Pirelli-Lavanttal-Rallye: Zunächst führt Manfred Stohl mit mehr als einer halben Minute Vorsprung, macht zu Beginn des zweiten Tages einen Fehler und überschlägt sich auf einer rutschigen Passage. Sperrer, als zweiter Fahrer auf der Strecke, rollt sich an der gleichen Stelle. Nach der Reparaturpause geht für beide Piloten die Zeitenjagd weiter. „Der Rückstand hat mich angespornt und wie das üblich ist, in einen Fehler getrieben." Stohl scheidet nach einem weiteren Fahrfehler aus, der Sieg geht an Sperrer.

Beide Fahrer gehen gehandicapt in die dritte Rallye: Stohl mit einem reparierten, aber nicht richtig abgestimmten Auto. Sperrer mit einem gebrochenen Kahnbein, das mit einer Kunststoffschale geschient ist. Sperrer fährt auf allen 16 Wertungsprüfungen Bestzeiten und feiert Saisonsieg Nummer zwei. Die Punkte für die Wechselland-Rallye sichert sich Sperrer, Stohl kontert bei der Castrol-Rallye, wo Sperrer einen Ausritt hat. Auch bei der OMV-Rallye siegt Stohl vor Sperrer.

Beim vorletzten Saisonlauf, der ARBÖ-Rallye, dominiert anfangs Stohl, dann holt Sperrer auf, er profitiert von seiner Streckenkenntnis und siegt. Doch Stohl legt Protest ein – Sperrer soll angeblich die vorgeschriebene Rallye-Strecke verlassen haben. Später wird Sperrers Sieg bestätigt. Beim Saisonfinale siegt Stohl vor Sperrer. Rang zwei reicht Peugeot-Mann Sperrer zum Titel.

In der seriennahen Gruppe N wird die Saison von einem schweren Unfall bei der Wechselland-Rallye überschattet: Mitsubishi-Pilot Beppo Harrach kommt in einer schnellen Passage von der Strecke ab, prallt mit der Beifahrerseite gegen einen Baum. Beifahrerin Jutta Gebert erliegt noch am Unfallort ihren schweren Verletzungen. Die Rallye-ÖM verliert eine Sympathieträgerin des Sports. Beppo Harrach pausiert nach dem Unfall länger, entscheidet sich aber, seine Karriere fortzusetzen. Die Gruppe N-Meisterschaft geht an den Deutschen Hermann Gaßner im Mitsubishi. VW-Pilot Andreas Waldherr gewinnt die Diesel-Wertung. ■

Der letzte Sieg – Beppo Harrachs Beifahrerin Jutta Gebert stirbt wenige Wochen später bei einem schweren Unfall

ÖSTERREICH

Ein neues Gesicht – Andrea Mayer startet im GeCo-Raid-Team. Zweimal vertraut sie auf Andreas Schulz als Copilot

Voller Kraft – Jean-Pierre Fontenay stürmt in Italien auf Platz zwei

Perlenkette am Atlantik – Mitsubishi mit dem Werksteam auf dem Weg zum Vierfach-Triumph in Dakar

Hat das Lachen nicht verlernt – Jean-Louis Schlesser gewinnt im Buggy zum fünften Mal den Weltcup

Ende des Dornröschenschlafs

Seit 1997 schlummert der Marathon-Sport im Märchenschlaf. Eine Reglementänderung ab 2002 aber tritt eine Lawine los, die große Spannung verspricht, vorerst aber fast zwangsläufig für sportliche Langeweile sorgt

Premiere – Grégoire de Mévius beschert BMW bei der Baja Deutschland den ersten Sieg

Buggy-Trio – Jean-Louis Schlesser, Jose-Maria Servia, Stéphane Henrard (oben, von links). Heimsieg – Carlos Sousa gewinnt die Baja Portugal

Endlich – Hiroshi Masuoka gewinnt mit Pascal Maimon die „Dakar“

Stars & Cars – Frankreichs Musik-Legende Johnny Hallyday (links) und Beifahrer René Metge

Führte die Dakar im europäischen Teil an – der Spanier Fernando Gil im Seat WRC TDI

Vorjahreserfolg verpasst – Jutta Kleinschmidt wird in Dakar Zweite

Jahre des Übergangs, so die Erfahrung aus fast allen Disziplinen des Motorsports, bergen oftmals eine ambivalente Entwicklung: Während die langfristigen Perspektiven viel versprechend sind, entstehen in kurzfristigen Transformationsphasen häufig Verzerrungen und damit Langeweile. So auch im Marathon-Sport. Als Ende 1997 im Weltcup der werksseitige Einsatz von T3-Prototypen verboten wird, versinkt der Sport nach einem Duell der Giganten Mitsubishi und Citroën in einen Dornröschenschlaf. Danach regiert anfangs Mitsubishi, ab 1998 dann Buggy-Pilot Jean-Louis Schlesser.

Um dessen Dominanz zu beenden, dehnt die Motorsporthoheit FIA den Freiraum des T3-Reglements ab 2002 wieder auf die Werke aus. Da die FIA das Reglement aber nicht rechtzeitig verabschiedet, um den „Dakar“-Teilnehmern genügend Vorbereitungszeit einzuräumen, ersinnt die Mannschaft um „Dakar“-Kopf Hubert Auriol ein eigenes Regelwerk. Durch geringe Differenzen der Vorschriften erfüllt die Königin aller Marathon-Läufe allerdings nicht die FIA-Kriterien und zählt daher erstmals seit langem nicht zum Marathon-Weltcup. Die „Dakar“ 2002 besitzt alle Zutaten zu einem spannenden Lauf, wird dann aber zu einem in ihrer 24-jährigen Historie einzigartigen Triumphzug für Mitsubishi.

Jean-Louis Schlesser stellt sich seine eigene Herausforderung. Der Senior gedenkt die Wüste mit Dieselkraft zu erobern. Bereits zur sechsten Etappe sind die beiden Selbstzünder von Schlesser und Teamkollege Stéphane Henrard allerdings nach technischen Defekten ausgeschieden. Nissan, mit fünf von 16 möglichen Bestzeiten in Sachen Tempo absolut wettbewerbsfähig, scheitert einmal mehr an der erneut nur wenige Tage dauernden Halbwertzeit des Geräts. Stéphane Peterhansel und Grégoire de Mevius

MARATHON-WELTCUP

Atmosphärische Dichte – Bilder und Szenarien im Marathon-Sport

ziehen sich teilweise gegenseitig am Abschleppseil waidwund gen Dakar.
Der Sieg wird zum Spielball der vier Mitsubishi-Werkspiloten. Dass Hiroshi Masuoka, Jutta Kleinschmidt, Kenjiro Shinozuka und Jean-Pierre Fontenay am Ende wie an einer Perlenkette aufgereiht am Strand von Dakar zum Vierfach-Sieg fahren, suggeriert eine Harmonie, die freilich nicht existiert. Zwar darf sich der Hersteller über einen Achtfach-Sieg und neun Mitsubishi-Teams unter den ersten Zehn freuen. Ebenso mag es ausgleichende Gerechtigkeit sein, wenn Masuoka den unglücklich verpassten Sieg vom Vorjahr endlich mit seinem ersten Dakar-Erfolg kompensiert. Im Team aber herrschen gravierende Spannungen.
Dominique Serieys hat nach dem Krebstod des fast 20 Jahre als Teamchef agierenden Ullrich Brehmer im September 2001 das Zepter an der Teamspitze übernommen. Mit der Situation brechender neuer und eines geringen Vorrats an alten haltbaren Kardanwellen konfrontiert, lässt der Franzose den beiden japanischen Piloten im Team die stabileren Bauteile zukommen. Gleich zweimal verliert Jutta Kleinschmidt durch defekte Kardanstränge alle Chancen auf den Sieg Damit ist der Weg für Masuoka frei.
Die weitere Saison ist schnell erzählt: In Italien kehrt Schlesser – allerdings im benzinbetriebenen Buggy – zur gewohnten Form zurück und gewinnt. In Tunesien wirft ihn ein Reifenschaden mit anschließendem Überschlag aus dem Rennen. Stéphane Peterhansel gewinnt. Die schwach besetzte Baja Portugal entscheidet Lokalmatador Carlos Sousa im Mitsubishi für sich, während Schlesser anschließend in Marokko Saisonsieg Nummer zwei gelingt. Danach setzt Mitsubishi seine Kampagne nicht mehr fort, sondern konzentriert sich auf die Entwicklung eines neuen Prototypen. Schlesser hat leichtes Spiel und gewinnt in Spanien und bei der Master-Rallye zwei weitere Male in Folge. Bereits nach sechs von acht Läufen steht der Franzose bei der Master-Rallye zum fünften Mal in Folge als Titelträger fest.
In einer sportlich langweiligen Saison dominieren freilich sportpolitische Schlagzeilen, die ohne weiteres den Neuigkeiten-Wert von Formel 1 und DTM zusammen übertreffen.
Den Auftakt macht die Trennung von Jutta Kleinschmidt und Andreas Schulz Anfang März. Wenige Tage danach der nächste Erdrutsch. Jutta Kleinschmidt

Revolutionäres Design – Mitsubishi Pajero

Neubeginn – VW-Sportchef Rudolf-Helmut Strozyk, Jutta Kleinschmidt, VW-Chef Dr. Bernd Pischetsrieder. Nissan – stark, aber instabil (rechts)

verlässt Mitsubishi. Der nächste Knaller: Stéphane Peterhansel, sechsfacher „Dakar“-Sieger auf dem Motorrad, wechselt von Nissan zu Mitsubishi. Ein großer Schritt aus deutscher Sicht erfolgt bei der Baja Italien. Andrea Mayer steigt nach rund 13 Motorrad-Jahren vom Sattel in einen Mitsubishi. Im GeCo-Raid-Team von Sven Quandt erzielt die 34 Jahre alte Allgäuerin mit Platz zwei der T2-Dieselklasse einen ersten Erfolg, verbessert sich in Tunesien auf Gesamtrang zehn und wird erneut Zweite ihrer Klasse. Defekte vereiteln einen weiteren Erfolg unter den ersten Zehn in Marokko, während Platz zwei bei der Baja Deutschland den Höhepunkt markiert. Überschattet wird der rasche Aufstieg der Pilotin vom tragischen Tod ihres zeitweiligen Beifahrers Gregor Haug und Team-Begleiter Horst Godel beim Unfall eines Servicefahrzeugs bei der Master-Rallye. Auch ein Totalschaden in Ägypten, bereits der zweite nach einem Testunfall, wirft Schatten über das Debütjahr der Hiemenhofenerin. Im Mai verblüfft Volkswagen die Szene mit der Verpflichtung von Jutta Kleinschmidt. Im Juni feiert in Marokko ein nach dem Prototypen-Reglement aufgebauter BMW X5 des X-Raid-Teams von Sven Quandt sein Debüt. Die

T1-Topfahrer – Thierry Magnaldi, hier bei der Master-Rallye. Verließ Nissan – Stéphane Peterhansel (links)

nächste Überraschung: Am Steuer sitzt Grégoire de Mevius. Damit hat Nissan auch seinen zweiten Spitzenpiloten verloren. Ein großer Umbruch bei Mitsubishi – im Juli verlässt Kenjiro Shinozuka die Japaner nach mehr als 30 Jahren und vielen Erfolgen in Rallye-WM und Marathon-Weltcup. Der 53 Jahre alte Japaner, auch ein leitender Manager im Unternehmen, will nicht aufs Fahren verzichten. Im September folgt dann eine Premiere für den Sport. Mit der Baja Deutschland wird erstmals ein Marathon-Lauf in der Bundesrepublik ausgetragen, den Grégoire de Mévius vor Andrea Mayer gewinnt. Im gleichen Monat verpflichtet Mitsubishi den zweifachen Rallye-Weltmeister Miki Biasion. Auf dem Salon in Paris kündigt Nissan die Rückkehr in den Sport an. Mitsubishi lanciert die Zeichnung eines neuen, revolutionär gestalteten Pajero. Anfang Oktober enthüllt Volkswagen weitere Details. In einem Buggy wird Jutta Kleinschmidt mit Copilotin Fabrizia Pons die Rallye Dakar 2003 bestreiten, Teamkollege wird Stéphane Henrard, Teammanager Erwin Weber.

Unterdessen beendet Renault die langjährige Kooperation mit Schlesser, der ab der Saison 2003 auf Ford setzen will. Henri Magne kehrt von Schlesser zu Mitsubishi zurück, Bobby Willis steht mit Volkswagen in Kontakt.

Neue Trends auch im Antriebsbereich: Nach diversen Mitsubishi-Teams und Schlesser vertraut auch X-Raid im BMW auf Diesel-Kraft. VW schließlich hat ein ehrgeiziges Ziel formuliert. Im Jahr 2005 will man die Dakar im Touareg gewinnen. Mit TDI-Technologie.

Damit sind die Weichen für eine spannende Zukunft gestellt, der Dornröschenschlaf einer faszinierenden Sportart ist endlich beendet. ■

MONTE CARLO

1. Lauf zur Rallye-Weltmeisterschaft, 17.-20. Januar

Pl.	Fahrer/Beifahrer (Nation)	Fahrzeug	Gruppe	Zeit
1.	Mäkinen/Lindström (FIN/FIN)	Subaru Impreza WRC	A	3:59.30,7 Std.
2.	Loeb/Elena (F/MC)	Citroën Xsara WRC	A	1.14,1 Min. zur.
3.	Sainz/Moya (E/E)	Ford Focus RS WRC	A	1.15,7 Min. zur.
4.	C.McRae/Grist (GB/GB)	Ford Focus RS WRC	A	1.58,0 Min. zur.
5.	Grönholm/Rautiainen (FIN/FIN)	Peugeot 206 WRC	A	2.07,4 Min. zur.
6.	P.Solberg/Mills (N/GB)	Subaru Impreza WRC	A	2.29,6 Min. zur.
7.	G.Panizzi/H.Panizzi (F/F)	Peugeot 206 WRC	A	3.20,1 Min. zur.
8.	Burns/Reid (GB/GB)	Peugeot 206 WRC	A	4.16,4 Min. zur.
9.	Delecour/Grataloup (F/F)	Mitsubishi Lancer WRC	A	5.35,7 Min. zur.
10.	Gardemeister/Lukander (FIN/FIN)	Skoda Octavia WRC	A	6.42,4 Min. zur.
11.	Thiry/Prevot (B/B)	Peugeot 206 WRC	A	7.24,9 Min. zur.
12.	Märtin/Park (EE/GB)	Ford Focus RS WRC	A	8.02,3 Min. zur.
13.	Eriksson/Thörner (S/S)	Skoda Octavia WRC	A	10.09,8 Min. zur.
14.	A.McRae/Senior (GB/GB)	Mitsubishi Lancer WRC	A	11.27,6 Min. zur.
15.	Kremer/Wicha (D/D)	Ford Focus WRC	A	14.26,0 Min. zur.
16.	M.Stohl/Petrasko (A/A)	Toyota Corolla WRC	A	15.05,7 Min. zur.

Wichtige Ausfälle

WP	Fahrer/Beifahrer (Nation)	Fahrzeug	Gruppe	Grund
1	Bugalski/Charoni (F/F)	Citroën Xsara WRC	A	Motor
1	Rädström/Giraudet (S/F)	Citroën Xsara WRC	A	Motor
1	Haaf/Kölbach (D/D)	Citroën Saxo S1600	A	Kupplung
3	Loix/Smeets (B/B)	Hyundai Accent WRC	A	Unfall
4	Schwarz/Hiemer (D/D)	Hyundai Accent WRC	A	Unfall
7	Rovanperä/Pietiläinen (FIN/FIN)	Peugeot 206 WRC	A	Lenkung

Führungspositionen: WP 1 Sainz, WP2 abgesagt, WP3 Mäkinen, WP 4-14 Loeb, WP 15 Mäkinen.
WP-Bestzeiten: Solberg und Loeb, je 5; Mäkinen, 3; Sainz, 1.
Streckenlänge: 1461,28 km mit 14 WP über 351,65 km. **Start und Ziel:** Monte Carlo (MC).
Am Start: 55 Teilnehmer. **Im Ziel:** 26.

SCHWEDEN

2. Lauf zur Rallye-Weltmeisterschaft, 31. Januar-3. Februar

Pl.	Fahrer/Beifahrer (Nation)	Fahrzeug	Gruppe	Zeit
1.	Grönholm/Rautiainen (FIN/FIN)	Peugeot 206 WRC	A	3:07.28,6 Std.
2.	Rovanperä/Pietiläinen (FIN/FIN)	Peugeot 206 WRC	A	1.24,5 Min. zur.
3.	Sainz/Moya (E/E)	Ford Focus WRC	A	2.25,8 Min. zur.
4.	Burns/Reid (GB/GB)	Peugeot 206 WRC	A	2.33,9 Min. zur.
5.	A.McRae/Senior (GB/GB)	Mitsubishi Lancer WRC	A	4.14,7 Min. zur.
6.	C.McRae/Grist (GB/GB)	Ford Focus WRC	A	4.15,0 Min. zur.
7.	Tuohino/Vihavainen (FIN/FIN)	Ford Focus WRC	A	4.23,4 Min. zur.
8.	Kankkunen/Repo (FIN/FIN)	Hyundai Accent WRC	A	4.36,9 Min. zur.
9.	Lindholm/Hantunen (FIN/FIN)	Peugeot 206 WRC	A	4.56,6 Min. zur.
10.	Duval/Fortin (B/B)	Ford Focus WRC	A	6.33,3 Min. zur.
11.	Pykälistö/Mertsalmi (FIN/FIN)	Toyota Corolla WRC	A	6.54,0 Min. zur.
12.	Kuchar/Szczepaniak (PL/PL)	Toyota Corolla WRC	A	6.54,8 Min. zur.
13.	H.Solberg/Menkerud (N/N)	Toyota Corolla WRC	A	7.05,4 Min. zur.
14.	Paasonen/Kapanen (FIN/FIN)	Mitsubishi Lancer WRC	A	8.10,3 Min. zur.
15.	Blomqvist/Goni (S/YV)	Skoda Octavia WRC	A	8.14,5 Min. zur.

Wichtige Ausfälle

WP	Fahrer/Beifahrer (Nation)	Fahrzeug	Gruppe	Grund
4	Mäkinen/Lindström (FIN/FIN)	Subaru Impreza WRC	A	Motor
6	P.Solberg/Mills (N/GB)	Subaru Impreza WRC	A	Motor
11	Gardemeister/Lukander (FIN/FIN)	Skoda Octavia WRC	A	Unfall
14	Schwarz/Hiemer (D/D)	Hyundai Accent WRC	A	Unfall
14	Loix/Smeets (B/B)	Hyundai Accent WRC	A	Unfall
16	Eriksson/Thörner (S/S)	Skoda Octavia WRC	A	Motor

Führungspositionen: WP 1-2 Grönholm, WP 3-4 Rovanperä, WP 5-12 Grönholm, WP 13 abgesagt, WP 14-16 Grönholm.
WP-Bestzeiten: Grönholm, 6; Burns und C.McRae, je 3; Rovanperä, 2; Radström, 1.
Streckenlänge: 1876,49 km mit 15 WP über 358,8 km
Start und Ziel: Karlstad (S). **Am Start:** 75 Teilnehmer. **Im Ziel:** 51.

ZYPERN

5. Lauf zur Rallye-Weltmeisterschaft, 18.-21. April

Pl.	Fahrer/Beifahrer (Nation)	Fahrzeug	Gruppe	Zeit
1.	Grönholm/Rautiainen (FIN/FIN)	Peugeot 206 WRC	A	4:21.25,7 Std.
2.	Burns/Reid (GB/GB)	Peugeot 206 WRC	A	56,8 Sek. zur.
3.	Mäkinen/Lindstrom (FIN/FIN)	Subaru Impreza WRC	A	59,0 Sek. zur.
4.	Rovanperä/Pietiläinen (FIN/FIN)	Peugeot 206 WRC	A	1.18,7 Min. zur.
5.	P.Solberg/Mills (N/GB)	Subaru Impreza WRC	A	2.17,9 Min. zur.
6.	C.McRae/Grist (GB/GB)	Ford Focus WRC	A	2.45,5 Min. zur.
7.	Schwarz/Hiemer (D/D)	Hyundai Accent WRC	A	2.47,4 Min. zur.
8.	Märtin/Park (EE/GB)	Ford Focus RS WRC	A	4.22,6 Min. zur.
9.	Eriksson/Thörner (S/S)	Skoda Octavia WRC	A	6.17,7 Min. zur.
10.	G.Panizzi/H.Panizzi (F/F)	Peugeot 206 WRC	A	8.12,2 Min. zur.
11.	Sainz/Moya (E/E)	Ford Focus WRC	A	8.54,0 Min. zur.
12.	Tuohino/Vihavainen (FIN/FIN)	Ford Focus WRC	A	11.21,0 Min. zur.
13.	Delecour/Grataloup (F/F)	Mitsubishi Lancer WRC	A	12.17,3 Min. zur.
14.	Kuchar/Szczepaniak (PL/PL)	Hyundai Accent WRC	A	18.27,6 Min. zur.
15.	Gardemeister/Lukander (FIN/FIN)	Skoda Octavia WRC	A	22.12,0 Min. zur.
16.	Papadimitriou/Harryman (GR/GB)	Subaru Impreza	A	28.54,3 Min. zur.
17.	Singh/Oh (MAL/MAL)	Proton Pert	N	30.52,2 Min. zur.

Wichtige Ausfälle

WP	Fahrer/Beifahrer (Nation)	Fahrzeug	Gruppe	Grund
4	Kankkunen/Repo (FIN/FIN)	Hyundai Accent WRC	A	Ölwanne
8	Paasonen/Kapanen (FIN/FIN)	Mitsubishi Lancer WRC	A	Unfall
12	A.McRae/Senior (GB/GB)	Mitsubishi Lancer WRC	A	Getriebe
12	Loix/Smeets (B/B)	Hyundai Accent WRC	A	Getriebe

Führungspositionen: WP 1 C.McRae, WP 2 Duval, WP 3 Märtin, WP4-13 C. McRae, WP 14 abgesagt, WP 15 C.McRae, WP 16-20 Grönholm.
WP-Bestzeiten: Solberg, 6; Mäkinen, 5; C.McRae und Sainz, je 2; Burns, Duval, Märtin und Rovanperä, je 1.
Streckenlänge: 1306,21 km mit 19 WP über 324,17 km.
Start und Ziel: Limassol (CY). **Am Start:** 60 Teilnehmer. **Im Ziel:** 31.

ARGENTINIEN

6. Lauf zur Rallye-Weltmeisterschaft, 16.-19. Mai

Pl.	Fahrer/Beifahrer (Nation)	Fahrzeug	Gruppe	Zeit
1.	Sainz/Moya (E/E)	Ford Focus RS WRC	A	4:08.09,1 Std.
2.	P.Solberg/Mills (N/GB)	Subaru Impreza WRC	A	4,0 Sek. zur.
3.	C.McRae/Grist (GB/GB)	Ford Focus RS WRC	A	2.19,1 Min. zur.
4.	Märtin/Park (EE/GB)	Ford Focus RS WRC	A	2.52,4 Min. zur.
5.	Gardemeister/Lukander (FIN/FIN)	Skoda Octavia WRC	A	5.18,8 Min. zur.
6.	Eriksson/Thörner (S/S)	Skoda Octavia WRC	A	6.16,6 Min. zur.
7.	Kankkunen/Repo (FIN/FIN)	Hyundai Accent WRC	A	8.03,3 Min. zur.
8.	A.McRae/Senior (GB/GB)	Mitsubishi Lancer WRC	A	8.49,6 Min. zur.
9.	Pozzo/Stillo (RA/RA)	Skoda Octavia WRC	A	13.58,9 Min. zur.
10.	Ferreyros/Vallejo (PE/E)	Mitsubishi Lancer Evolution	N	24.18,5 Min. zur.
11.	Arai/Sircombe (J/NZ)	Subaru Impreza	N	24.48,6 Min. zur.
12.	Singh/Oh (MAL/MAL)	Proton Pert	N	25.33,6 Min. zur.
13.	Villagra/Villagra (RA/RA)	Mitsubishi Lancer Evolution	N	29.29,9 Min. zur.
14.	Trelles/Del Buono (ROU/RA)	Mitsubishi Lancer Evolution	N	30.31,6 Min. zur.
15.	Ligato/Garcia (RA/RA)	Mitsubishi Lancer Evolution	N	31.25,3 Min. zur.

Wichtige Ausfälle

WP	Fahrer/Beifahrer (Nation)	Fahrzeug	Gruppe	Grund
7	Delecour/Grataloup (F/F)	Mitsubishi Lancer WRC	A	Unfall
8	Schwarz/Hiemer (D/D)	Hyundai Accent WRC	A	Benzinzufuhr
10	Rovanperä/Pietiläinen (FIN/FIN)	Peugeot 206 WRC	A	Motor
10	Loix/Smeets (B/B)	Hyundai Accent WRC	A	Motor
17	G.Panizzi/H.Panizzi (F/F)	Peugeot 206 WRC	A	Benzinzufuhr
26	Grönholm/Rautiainen (FIN/FIN)	Peugeot 206 WRC	A	Disqualfikation
26	Burns/Reid (GB/GB)	Peugeot 206 WRC	A	Disqualifikation

Führungspositionen: WP 1 abgesagt, WP 2-16 Grönholm, WP 17-18 Mäkinen, WP 19-22 Grönholm, Sieger nach Disqualifikation von Grönholm und Burns: Sainz.
WP-Bestzeiten: Grönholm, 9; Mäkinen und Burns,je 5; C.McRae 2, Loix 1.
Streckenlänge: 1434 km mit 22 WP über 389 km
Start: Villa Carlos Paz (RA). **Ziel:** Cordoba (RA). **Am Start:** 68 Teilnehmer. **Im Ziel:** 29.

KORSIKA

3. Lauf zur Rallye-Weltmeisterschaft, 7.-10. März

Pl.	Fahrer/Beifahrer (Nation)	Fahrzeug	Gruppe	Zeit
1.	G.Panizzi/H.Panizzi (F/F)	Peugeot 206 WRC	A	3:54.40,3 Std.
2.	Grönholm/Rautiainen (FIN/FIN)	Peugeot 206 WRC	A	40,5 Sek. zur.
3.	Burns/Reid (GB/GB)	Peugeot 206 WRC	A	52,4 Sek. zur.
4.	Bugalski/Chiaroni (F/F)	Citroën Xsara WRC	A	2.02,2 Min. zur.
5.	P.Solberg/Mills (N/GB)	Subaru Impreza WRC	A	2.28,2 Min. zur.
6.	Sainz/Moya (E/E)	Ford Focus RS WRC	A	2.32,8 Min. zur.
7.	Delecour/Grataloup (F/F)	Mitsubishi Lancer WRC	A	5.07,8 Min. zur.
8.	Märtin/Park (EE/GB)	Ford Focus RS WRC	A	5.20,0 Min. zur.
9.	Loix/Smeets (B/B)	Hyundai Accent WRC	A	6.13,8 Min. zur.
10.	A.McRae/Senior (GB/GB)	Mitsubishi Lancer WRC	A	6.32,5 Min. zur.
11.	Rovanperä/Pietiläinen (FIN/FIN)	Peugeot 206 WRC	A	6.36,9 Min. zur.
12.	Gardemeister/Lukander (FIN/FIN)	Skoda Octavia WRC	A	7.25,7 Min. zur.
13.	Schwarz/Hiemer (D/D)	Hyundai Accent WRC	A	8.02,0 Min. zur.
14.	Kresta/Tomanek (CZ/CZ)	Skoda Octavia WRC	A	15.42,6 Min. zur.
15.	Rousselot/Mondesir (F/F)	Subaru Impreza WRC	A	15.43,4 Min. zur.
16.	Torre/De la Foata (F/F)	Subaru Impreza WRC	A	21.48,5 Min. zur.

Wichtige Ausfälle

WP	Fahrer/Beifahrer (Nation)	Fahrzeug	Gruppe	Grund
2	Kuchar/Szepaniak (PL/PL)	Hyundai Accent WRC	A	Bremsen
6	Mörtl/Wicha (A/D)	Peugeot 206 WRC	A	Kraftübertragung
10	Mäkinen/Lindström (FIN/FIN)	Subaru Impreza WRC	A	Unfall
14	Duval/Fortin (B/B)	Ford Focus RS WRC	A	Unfall
14	Eriksson/Thörner (S/S)	Skoda Octavia WRC	A	Kraftübertragung
15	C.McRae/Grist (GB/GB)	Ford Focus RS WRC	A	Unfall

Führungspositionen: WP 1-16 Panizzi.
WP-Bestzeiten: Panizzi, 9; Grönholm, Solberg und Burns, je 2; C.McRae, 1.
Streckenlänge: 937,83 km mit 16 WP über 357,7 km.
Start und Ziel: Ajaccio (F). **Am Start:** 61 Teilnehmer. **Im Ziel:** 37.

SPANIEN

4. Lauf zur Rallye-Weltmeisterschaft, 22.-24. März

Pl.	Fahrer/Beifahrer (Nation)	Fahrzeug	Gruppe	Zeit
1.	G.Panizzi/H.Panizzi (F/F)	Peugeot 206 WRC	A	3:34.09,0 Std.
2.	Burns/Reid (GB/GB)	Peugeot 206 WRC	A	0.37,3 Sek. zur.
3.	Bugalski/Chiaroni (F/F)	Citroën Xsara WRC	A	1.13,5 Sek. zur.
4.	Grönholm/Rautiainen (FIN/FIN)	Peugeot 206 WRC	A	1.42,7 Sek. zur.
5.	P.Solberg/Mills (N/GB)	Subaru Impreza WRC	A	2.01,6 Sek. zur.
6.	C.McRae/Grist (GB/GB)	Ford Focus RS WRC	A	3.27,3 Sek. zur.
7.	Rovanperä/Pietiläinen (FIN/FIN)	Peugeot 206 WRC	A	3.40,1 Sek. zur.
8.	Märtin/Park (EE/GB)	Ford Focus RS WRC	A	3.43,9 Sek. zur.
9.	Delecour/Grataloup (F/F)	Mitsubishi Lancer WRC	A	5.28,6 Sek. zur.
10.	Loix/Smeets (B/B)	Hyundai Accent WRC	A	5.30,6 Sek. zur.
11.	Gardemeister/Lukander (FIN/FIN)	Skoda Octavia WRC	A	5.35,2 Sek. zur.
12.	Puras/Del Barrio (E/E)	Citroën Xsara WRC	A	7.18,9 Sek. zur.
13.	A.McRae/Senior (GB/GB)	Mitsubishi Lancer WRC	A	8.21,8 Sek. zur.
14.	Mörtl/Wicha (A/D)	Peugeot 206 WRC	A	9.38,9 Sek. zur.
15.	Kremer/Schneppenheim (D/D)	Ford Focus RS WRC	A	10.27,3 Sek. zur.
16.	Schwarz/Hiemer (D/D)	Hyundai Accent WRC	A	10.40,7 Sek. zur.
17.	Eriksson/Thörner (S/S)	Skoda Octavia WRC	A	13.55,8 Sek. zur.
19.	Sola/Romani (E/E)	Citroën Saxo S1600	A	18.02,5 Sek. zur.

Wichtige Ausfälle

WP	Fahrer/Beifahrer (Nation)	Fahrzeug	Gruppe	Grund
6	Radström/Giraudet (S/F)	Citroën Xsara WRC	A	Unfall
7	Blomqvist/Goni (S/YV)	Skoda Octavia WRC	A	Lichtmaschine
7	Mäkinen/Lindström (FIN/FIN)	Subaru Impreza WRC	A	Motor
15	Loeb/Elena (F/MC)	Citroën Xsara WRC	A	Unfall

Führungspositionen: WP 1 abgesagt, WP 2-6 Panizzi, WP 7-8 abgesagt, WP 9-18 Panizzi.
WP-Bestzeiten: Panizzi, 11; Burns und Solberg, je 2; Puras und Märtin, 1.
Streckenlänge: 1948,95 km mit 15 WP über 348,12 km.
Start und Ziel: Lloret de Mar (E).
Am Start: 68 Teilnehmer. **Im Ziel:** 40.

AKROPOLIS

7. Lauf zur Rallye-Weltmeisterschaft, 13. - 16. Juni

Pl.	Fahrer/Beifahrer (Nation)	Fahrzeug	Gruppe	Zeit
1.	C.McRae/Grist (GB/GB)	Ford Focus RS WRC	A	4:27.43,8 Std.
2.	Grönholm/Rautiainen (FIN/FIN)	Peugeot 206 WRC	A	24,5 Sek. zur.
3.	Sainz/Moya (E/E)	Ford Focus RS WRC	A	1.45,6 Min. zur.
4.	Rovanperä/Pietiläinen (FIN/FIN)	Peugeot 206 WRC	A	1.57,6 Min. zur.
5.	P.Solberg/Mills (N/GB)	Subaru Impreza WRC	A	1.58,6 Min. zur.
6.	Märtin/Park (EE/GB)	Ford Focus RS WRC	A	2.40,1 Min. zur.
7.	Loeb/Elena (F/MC)	Citroën Xsara WRC	A	3.45,8 Min. zur.
8.	Rådstrom/Giraudet (S/F)	Citroën Xsara WRC	A	5.08,7 Min. zur.
9.	Schwarz/Hiemer (D/D)	Hyundai Accent WRC	A	5.41,0 Min. zur.
10.	Gardemeister/Lukander (FIN/FIN)	Skoda Octavia WRC	A	7.17,4 Min. zur.
11.	Delecour/Grataloup (F/F)	Mitsubishi Lancer WRC	A	7.21,6 Min. zur.
12.	Thiry/Prevot (B/B)	Peugeot 206 WRC	A	9.20,1 Min. zur.
13.	Arai/Sircombe (J/NZ)	Subaru Impreza WRC	A	10.46,4 Min. zur.
14.	Eriksson/Thörner (S/S)	Skoda Octavia WRC	A	11.38,8 Min. zur.
15.	Papadimitriou/Harryman (GR/GB)	Ford Focus RS WRC	A	12.43,6 Min. zur.
19.	Tuohino/Vihavainen (FIN/FIN)	Citroën Saxo S1600	A	36.44,0 Min. zur.

Wichtige Ausfälle

WP	Fahrer/Beifahrer (Nation)	Fahrzeug	Gruppe	Grund
6	Mäkinen/Lindström (FIN/FIN)	Subaru Impreza WRC	A	Radaufhängung
6	Kremer/Schneppenheim (D/D)	Ford Focus RS WRC	A	Unfall
9	Kankkunen/Repo (FIN/FIN)	Hyundai Accent WRC	A	Turbolader
13	Burns/Reid (GB/GB)	Peugeot 206 WRC	A	Aufhängung
13	A.McRae/Senior (GB/GB)	Mitsubishi Lancer WRC	A	Lenkung
14	Loix/Smeets (B/B)	Hyundai Accent WRC	A	Ölwanne

Führungspositionen: WP 1-8 Märtin, WP 9 C.McRae, WP 10 abgesagt, WP 11-16 C.McRae.
WP-Bestzeiten: Märtin, 5; Solberg und Grönholm, je 3; Burns, Loix, Rådström und Rovanperä, je 1.
Streckenlänge: 1197,85 km mit 15 WP mit 378,41 km
Start: Athen (GR). **Ziel:** Itea (GR). **Am Start:** 84 Teilnehmer. **Im Ziel:** 35.

SAFARI

8. Lauf zur Rallye-Weltmeisterschaft, 11. - 14. Juli

Pl.	Fahrer/Beifahrer (Nation)	Fahrzeug	Gruppe	Zeit
1.	C.McRae/Grist (GB/GB)	Ford Focus RS WRC	A	7.58.28,0 Std.
2.	Rovanperä/Pietiläinen (FIN/FIN)	Peugeot 206 WRC	A	+2.50,9 Min. zur.
3.	Rådstrom/Giraudet (S/F)	Citroën Xsara WRC	A	18.38,6 Min. zur.
4.	Märtin/Park (EE/GB)	Ford Focus RS WRC	A	21.28,0 Min. zur.
5.	Loeb/Elena (F/MC)	Citroën Xsara WRC	A	21.48,1 Min. zur.
6.	G.Panizzi/H.Panizzi (F/F)	Peugeot 206 WRC	A	34.41,0 Min. zur.
7.	Kresta/Tomanek (CZ/CZ)	Skoda Octavia WRC	A	54.38,1 Min. zur.
8.	Kankkunen/Repo (FIN/FIN)	Hyundai Accent WRC	A	1:11.31,5 Std. zur.
9.	A.McRae/Senior (GB/GB)	Mitsubishi Lancer WRC	A	1:17.13,2 Std. zur.
10.	Singh/Oh (MAL/MAL)	Proton Pert	N	2:29.27,2 Std. zur.
11.	R.Stohl/Wikus (A/A)	Mitsubishi Carisma	N	5:14.05,3 Std. zur.

Wichtige Ausfälle

WP	Fahrer/Beifahrer (Nation)	Fahrzeug	Gruppe	Grund
1	Grönholm/Rautiainen (FIN/FIN)	Peugeot 206 WRC	A	Motor
1	Loix/Smeets (B/B)	Hyundai Accent WRC	A	Kupplung
2	Schwarz/Hiemer (D/D)	Hyundai Accent WRC	A	Lichtmaschine
3	Delecour/Grataloup (F/F)	Mitsubishi Lancer WRC	A	Motor
4	P.Solberg/Mills (N/GB)	Subaru Impreza WRC	A	Motor
4	Gardemeister/Lukander (FIN/FIN)	Skoda Octavia WRC	A	Radaufhängung
7	Eriksson/Thörner (S/S)	Skoda Octavia WRC	A	Getriebe
8	Mäkinen/Lindström (FIN/FIN)	Subaru Impreza WRC	A	Aufhängung
8	Sainz/Moya (E/E)	Ford Focus RS WRC	A	Ölpumpe
8	Burns/Reid (GB/GB)	Peugeot 206 WRC	A	Radaufhängung

Führungspositionen: WP 1-4 Mäkinen, WP5 C.McRae, WP 6 abgesagt, WP 7-12 C.McRae.
WP-Bestzeiten: Loeb und C.McRae, je 3; Mäkinen und Panizzi, je 2, Burns, 1.
Streckenlänge: 2433,15 km mit 11 WP über 935,23 km.
Start und Ziel: Nairobi (EAK)
Am Start: 48 Teilnehmer.
Im Ziel: 11.

FINNLAND

9. Lauf zur Rallye-Weltmeisterschaft, 8.-11. August

Pl.	Fahrer/Beifahrer (Nation)	Fahrzeug	Gruppe	Zeit
1.	Grönholm/Rautiainen (FIN/FIN)	Peugeot 206 WRC	A	3.17.52,5 Std.
2.	Burns/Reid (GB/GB)	Peugeot 206 WRC	A	1.27,3 Min. zur.
3.	P.Solberg/Mills (N/GB)	Subaru Impreza WRC	A	2.49,6 Min. zur.
4.	Sainz/Moya (E/E)	Ford Focus RS WRC	A	2.53,8 Min. zur.
5.	Märtin/Park (EE/GB)	Ford Focus RS WRC	A	3.10,0 Min. zur.
6.	Mäkinen/Lindström (FIN/FIN)	Subaru Impreza WRC	A	4.34,1 Min. zur.
7.	Lindholm/Hantunen (FIN/FIN)	Peugeot 206 WRC	A	5.36,4 Min. zur.
8.	Paasonen/Kapanen (FIN/FIN)	Mitsubishi Lancer WRC	A	5.55,3 Min. zur.
9.	Loix/Smeets (B/B)	Hyundai Accent WRC	A	6.07,8 Min. zur.
10.	Loeb/Elena (F/MC)	Citroën Xsara WRC	A	6.13,6 Min. zur.
11.	Tuohino/Vihavainen (FIN/FIN)	Ford Focus WRC	A	7.11,9 Min. zur.
12.	Gardemeister/Lukander (FIN/FIN)	Skoda Octavia WRC	A	7.12,0 Min. zur.
13.	Schwarz/Hiemer (D/D)	Hyundai Accent WRC	A	8.08,2 Min. zur.
14.	Salonen/Heinonen (FIN/FIN)	Peugeot 206 WRC	A	17.20,8 Min. zur.

Wichtige Ausfälle

WP	Fahrer/Beifahrer (Nation)	Fahrzeug	Gruppe	Grund
6	Eriksson/Thörner (S/S)	Skoda Octavia WRC	A	Benzin
8	Delecour/Grataloup (F/F)	Mitsubishi Lancer WRC	A	Radaufhängung
11	Kankkunen/Repo (FIN/FIN)	Hyundai Accent WRC	A	Unfall
13	Rovanperä/Silander (FIN/FIN)	Peugeot 206 WRC	A	Radaufhängung
18	A.McRae/Senior (GB/GB)	Mitsubishi Lancer WRC	A	Radaufhängung
20	C.McRae/Grist (GB/GB)	Ford Focus RS WRC	A	Feuer
21	Rådström/Giraudet (S/F)	Citroën Xsara WRC	A	Unfall

Führungspositionen: WP 1 Burns, WP 2-3 Grönholm, WP 4-11 Burns, WP 12 Rovanperä, WP 13-22 Grönholm.
WP-Bestzeiten: Burns, 10; Grönholm, 6; Märtin und Rovanperä, je 2; C.McRae, Sainz und Solberg, 1.
Streckenlänge: 1702,53 km mit 22 WP über 401,68 km
Start und Ziel: Jyväskylä (FIN). **Am Start:** 77. Teilnehmer. **Im Ziel:** 30.

DEUTSCHLAND

10. Lauf zur Rallye-Weltmeisterschaft, 22.-25. August

Pl.	Fahrer/Beifahrer (Nation)	Fahrzeug	Gruppe	Zeit
1.	Loeb/Elena (F/MC)	Citroën Xsara WRC	A	3:47.17,3 Std.
2.	Burns/Reid (GB/GB)	Peugeot 206 WRC	A	14,3 Sek. zur.
3.	Grönholm/Rautiainen (FIN/FIN)	Peugeot 206 WRC	A	1.19,1 Min. zur.
4.	C.McRae/Grist (GB/GB)	Ford Focus RS WRC	A	3.45,3 Min. zur.
5.	Thiry/Prevot (B/B)	Peugeot 206 WRC	A	5.18,8 Min. zur.
6.	Märtin/Park (EE/GB)	Ford Focus RS WRC	A	5.33,0 Min. zur.
7.	Mäkinen/Lindström (FIN/FIN)	Subaru Impreza WRC	A	5.39,2 Min. zur.
8.	Sainz/Moya (E/E)	Ford Focus RS WRC	A	6.17,0 Min. zur.
9.	Delecour/Grataloup (F/F)	Mitsubishi Lancer WRC	A	6.35,9 Min. zur.
10.	Eriksson/Thörner (S/S)	Skoda Octavia WRC	A	13.34,2 Min. zur.

Wichtige Ausfälle

WP	Fahrer/Beifahrer (Nation)	Fahrzeug	Gruppe	Grund
3	Kahle/Göbel (D/D)	Skoda Octavia WRC	A	Motor
3	Puras/Marti (E/E)	Citroën Xsara WRC	A	Elektronik
6	A.McRae/Senior (GB/GB)	Mitsubishi Lancer WRC	A	Motor
9	Mörtl/Wicha (A/D)	Subaru Impreza WRC	A	Unfall
9	Loix/Smeets (B/B)	Hyundai Accent WRC	A	Motor
10	Schwarz/Hiemer (D/D)	Hyundai Accent WRC	A	Unfall
10	Bugalski/Chiaroni (F/F)	Citroën Xsara WRC	A	Motor
11	P.Solberg/Mills (N/GB)	Subaru Impreza WRC	A	Radaufhängung
15	Gardemeister/Lukander (FIN/FIN)	Skoda Octavia WRC	A	Technik
17	Kremer/Schneppenheim (D/D)	Ford Focus RS WRC	A	Unfall
19	Rovanperä/Silander (FIN/FIN)	Peugeot 206 WRC	A	Unfall

Führungspositionen: WP 1 Burns und Grönholm, WP 2 Grönholm, WP 3-6 Loeb, WP 7 abgesagt, WP 8-23 Loeb.
WP-Bestzeiten: Loeb, 11; Burns und Grönholm, je 6.
Streckenlänge: 1397,43 km mit 22 WP über 393,23 km.
Start und Ziel: Trier (D).
Am Start: 86 Teilnehmer. **Im Ziel:** 42.

NEUSEELAND

12. Lauf zur Rallye-Weltmeisterschaft, 3.-6. Oktober

Pl.	Fahrer/Beifahrer (Nation)	Fahrzeug	Gruppe	Zeit
1.	Grönholm/Rautiainen (FIN/FIN)	Peugeot 206 WRC	A	3.58.45,4 Std.
2.	Rovanperä/Silander (FIN/FIN)	Peugeot 206 WRC	A	3.47,6 Min. zur.
3.	Mäkinen/Lindström (FIN/FIN)	Subaru Impreza WRC	A	4.26,3 Min. zur.
4.	Sainz/Moya (E/E)	Ford Focus RS WRC	A	5.48,9 Min. zur.
5.	Kankkunen/Repo (FIN/FIN)	Hyundai Accent WRC	A	7.10,2 Min. zur.
6.	Loix/Smeets (B/B)	Hyundai Accent WRC	A	7.52,5 Min. zur.
7.	G.Panizzi/H.Panizzi (F/F)	Peugeot 206 WRC	A	8.24,5 Min. zur.
8.	Gardemeister/Lukander (FIN/FIN)	Skoda Octavia WRC	A	8.56,1 Min. zur.
9.	Delecour/Grataloup (F/F)	Mitsubishi Lancer WRC	A	10.43,6 Min. zur.
10.	Schwarz/Hiemer (D/D)	Hyundai Accent WRC	A	11.34,8 Min. zur.
11.	Kuchar/Szczepaniak (PL/PL)	Toyota Corolla WRC	A	17.46,3 Min. zur.
12.	Herbert/Argyle (NZ/NZ)	Subaru Impreza WRC	A	18.12,6 Min. zur.
13.	Bourne/Stacey (NZ/NZ)	Subaru Impreza	N	19.16,1 Min. zur.
14.	Sohlberg/Honkanen (FIN/FIN)	Mitsubishi Lancer Evolution	N	19.35,1 Min. zur.

Wichtige Ausfälle

WP	Fahrer/Beifahrer (Nation)	Fahrzeug	Gruppe	Grund
2	Eriksson/Thörner (S/S)	Skoda Octavia WRC	A	Unfall
4	C.McRae/Grist (GB/GB)	Ford Focus RS WRC	A	Unfall
4	Harrach/Müller (A/A)	Mitsubishi Lancer Evolution	N	Unfall
11	Paasonen/Kapanen (FIN/FIN)	Mitsubishi Lancer WRC	A	Unfall
14	Märtin/Park (EE/GB)	Ford Focus RS WRC	A	Unfall
15	Burns/Reid (GB/GB)	Peugeot 206 WRC	A	Unfall
25	P.Solberg/Mills (N/GB)	Subaru Impreza WRC	A	Motor

Führungspositionen: WP 1-14 Burns, WP 15-26 Grönholm.
WP-Bestzeiten: Grönholm, 15; Burns, 8; Solberg, 2; Paasonen und Rovanperä, je 1.
Streckenlänge: 1792,48 km mit 26 WP über 421,02 km.
Start und Ziel: Auckland (NZ).
Am Start: 81 Teilnehmer. **Im Ziel:** 42.

AUSTRALIEN

13. Lauf zur Rallye-Weltmeisterschaft, 31. Oktober - 3. November

Pl.	Fahrer/Beifahrer (Nation)	Fahrzeug	Gruppe	Zeit
1.	Grönholm/Rautiainen (FIN/FIN)	Peugeot 206 WRC	A	3:35.56,5 Std.
2.	Rovanperä/Silander (FIN/FIN)	Peugeot 206 WRC	A	57,3 Sek. zur.
3.	P.Solberg/Mills (N/GB)	Subaru Impreza WRC	A	1.28,7 Min. zur.
4.	Sainz/Moya (E/E)	Ford Focus RS WRC	A	3.09,0 Min. zur.
5.	Märtin/Park (EE/GB)	Ford Focus RS WRC	A	6.21,5 Min. zur.
6.	Gardemeister/Lukander (FIN/FIN)	Skoda Octavia WRC	A	7.11,6 Min. zur.
7.	Loeb/Elena (F/MC)	Citroën Xsara WRC	A	9.06,1 Min. zur.
8.	Eriksson/Thörner (S/S)	Skoda Octavia WRC	A	12.46,4 Min. zur.
9.	Paasonen/Kapanen (FIN/FIN)	Mitsubishi Lancer WRC	A	13.25,5 Min. zur.
10.	M.Stohl/Petrasko (A/A)	Mitsubishi Lancer Evolution	N	19.20,7 Min. zur.
11.	Ordynski/Stewart (AUS/AUS)	Mitsubishi Lancer Evolution	N	20.51,8 Min. zur.
12.	Kuchar/Szczepaniak (PL/PL)	Toyota Corolla WRC	A	21.38,6 Min. zur.
13.	Lowndes/Randell (AUS/AUS)	Mitsubishi Lancer Evolution	N	22.01,6 Min. zur.
14.	Arai/Sircombe (J/NZ)	Subaru Impreza	N	22.13,0 Min. zur.

Wichtige Ausfälle

WP	Fahrer/Beifahrer (Nation)	Fahrzeug	Gruppe	Grund
6	Loix/Smeets (B/B)	Hyundai Accent WRC	A	Unfall
6	Harrach/Müller (A/A)	Mitsubishi Lancer WRC	N	Turbolader
7	Burns/Reid (GB/GB)	Peugeot 206 WRC	A	Kupplung
7	Delecour/Grataloup (F/F)	Mitsubishi Lancer WRC	A	Unfall
7	Schwarz/Hiemer (D/D)	Hyundai Accent WRC	A	Motor
14	C.McRae/Ringer (GB/GB)	Ford Focus RS WRC	A	Radaufhängung
23	Duval/Fortin (B/B)	Ford Focus RS WRC	A	Unfall

Führungspositionen: WP 1-2 Solberg, WP 3-24 Grönholm.
WP-Bestzeiten: Grönholm, 11; Rovanperä, 8; Solberg, 3; Loix, Mäkinen, C.McRae und Sainz, je 1.
Streckenlänge: 1571,98 km mit 24 WP über 388,64 km.
Start und Ziel: Perth (AUS).
Am Start: 69 Teilnehmer. **Im Ziel:** 37.

SAN REMO

11. Lauf zur Rallye-Weltmeisterschaft, 19.-22. September

Pl.	Fahrer/Beifahrer (Nation)	Fahrzeug	Gruppe	Zeit
1.	G.Panizzi/H.Panizzi (F/F)	Peugeot 206 WRC	A	4:10.15,6 Std.
2.	Grönholm/Rautiainen (FIN/FIN)	Peugeot 206 WRC	A	20,9 Sek. zur.
3.	P.Solberg/Mills (N/GB)	Subaru Impreza WRC	A	1.06,4 Min. zur.
4.	Burns/Reid (GB/GB)	Peugeot 206 WRC	A	1.18,9 Min. zur.
5.	Märtin/Park (EE/GB)	Ford Focus RS WRC	A	1.54,9 Min. zur.
6.	Puras/del Barrio (E/E)	Citroën Xsara WRC	A	2.39,3 Min. zur.
7.	Robert/Bedon (F/F)	Peugeot 206 WRC	A	3.01,3 Min. zur.
8.	C.McRae/Grist (GB/GB)	Ford Focus RS WRC	A	5.17,5 Min. zur.
9.	Rovanperä/Silander (FIN/FIN)	Peugeot 206 WRC	A	6.18,9 Min. zur.
10.	Delecour/Grataloup (F/F)	Mitsubishi Lancer WRC	A	7.24,4 Min. zur.
11	Eriksson/Thörner (S/S)	Skoda Octavia WRC	A	9.18,7 Min. zur.
15.	Dallavilla/Bernacchini (I/I)	Citroën Saxo S1600	A	18.10,8 Min. zur.
21.	Schelle/Geilhausen (D/D)	Suzuki Ignis S1600	A	22.30,5 Min. zur.

Wichtige Ausfälle

WP	Fahrer/Beifahrer (Nation)	Fahrzeug	Gruppe	Grund
1	Schwarz/Hiemer (D/D)	Hyundai Accent WRC	A	Unfall
3	Haaf/Kölbach (D/D)	Opel Corsa S1600	A	Radaufhängung
4	Sainz/Moya (E/E)	Ford Focus RS WRC	A	Ölverlust
8	Mäkinen/Lindström (FIN/FIN)	Subaru Impreza WRC	A	Antriebswelle
9	A.McRae/Senior (GB/GB)	Mitsubishi Lancer WRC	A	Aufgabe
10	Bugalski/Chiaroni (F/F)	Citroën Xsara WRC	A	Unfall
11	Mörtl/Wicha (A/D)	Subaru Impreza WRC	A	Aufgabe
14	Gardemeister/Lukander (FIN/FIN)	Skoda Octavia WRC	A	Unfall

Führungspositionen: WP 1 Grönholm, WP 2-18 Panizzi.
WP-Bestzeiten: Panizzi, 9; Grönholm, 6; Solberg, 3; Burns, 1.
Streckenlänge: 1407,04 km mit 18 WP über 385,84 km.
Start und Ziel: San Remo (I).
Am Start: 53 Teilnehmer. **Im Ziel:** 35.

GROSSBRITANNIEN

14. Lauf zur Rallye-Weltmeisterschaft, 14.-17. November

Pl.	Fahrer/Beifahrer (Nation)	Fahrzeug	Gruppe	Zeit
1.	P.Solberg/Mills (N/GB)	Subaru Impreza WRC	A	3:30.36,4 Std.
2.	Märtin/Park (EE/GB)	Ford Focus RS WRC	A	24,4 Sek. zur.
3.	Sainz/Moya (E/E)	Ford Focus RS WRC	A	1.35,7 Min. zur.
4.	Mäkinen/Lindström (FIN/FIN)	Subaru Impreza WRC	A	2.37,5 Min. zur.
5.	C.McRae/Ringer (G/GB)	Ford Focus RS WRC	A	3.01,5 Min. zur.
6.	M.Higgins/Thomas (GB/GB)	Ford Focus RS WRC	A	5.01,9 Min. zur.
7.	Rovanperä/Pietiläinen (FIN/FIN)	Peugeot 206 WRC	A	5.15,8 Min. zur.
8.	Loix/Smeets (B/B)	Hyundai Accent WRC	A	5.15,9 Min. zur.
9.	Kankkunen/Repo (FIN/FIN)	Hyundai Accent WRC	A	5.29,1 Min. zur.
10.	Gardemeister/Lukander (FIN/FIN)	Skoda Octavia WRC	A	6.02,9 Min. zur.
12.	M.Stohl/Petrasko (A/A)	Ford Focus RS WRC	A	9.05,8 Min. zur.
14.	Kremer/Schneppenheim (D/D)	Ford Focus RS WRC	A	15.19,0 Min. zur.

Wichtige Ausfälle

WP	Fahrer/Beifahrer (Nation)	Fahrzeug	Gruppe	Grund
3	Schelle/Geilhausen (D/D)	Suzuki Ignis S1600	A	Unfall
7	Haaf/Kölbach (D/D)	Opel Corsa S1600	A	Elektronik
8	Schwarz/Hiemer (D/D)	Hyundai Accent WRC	A	Aufgabe
8	Rådström/Giraudet (S/F)	Citroën Xsara WRC	A	Ölwanne
10	Grönholm/Rautiainen (FIN/FIN)	Peugeot 206 WRC	A	Unfall
10	Delecour/Savignoni (F/F)	Mitsubishi Lancer WRC	A	Unfall
10	Paasonen/Kapanen (FIN/FIN)	Mitsubishi Lancer WRC	A	Unfall
16	Burns/Reid (GB/GB)	Peugeot 206 WRC	A	Unfall
16	Loeb/Elena (F/MC)	Citroën Xsara WRC	A	Aufhängung

Führungspositionen: WP1 Märtin, WP 2-3 Grönholm, WP 4 abgesagt, WP 5-9 Grönholm, WP 10-13 Märtin, WP 14-17 Solberg.
WP-Bestzeiten: Solberg, 8; Grönholm, 5; Märtin, 2; Burns, 1.
Streckenlänge: 1641 km mit 17 WP über 390 km.
Start und Ziel: Cardiff (GB).
Am Start: 85 Teilnehmer. **Im Ziel:** 42.

FAHRER-WELTMEISTERSCHAFT

	Gesamt	Monte Carlo	Schweden	Korsika	Spanien	Zypern	Argentinien	Akropolis	Safari	Finnland	Deutschland	San Remo	Neuseeland	Australien	Großbritannien
Grönholm	77	2	10	6	3	10	-	6	-	10	4	6	10	10	-
Solberg	37	1	-	2	2	2	6	2	-	4	-	4	-	4	10
Sainz	36	4	4	1	-	-	10	4	-	3	-	-	3	3	4
C.McRae	35	3	1	-	1	1	4	10	10	-	- 3	-	-	-	2
Burns	34	-	3	4	6	6	-	-	-	6	6	3	-	-	-
G.Panizzi	31	-	-	10	10	-	-	-	1	-	-	10	-	-	-
Rovanperä	30	-	6	-	-	3	-	3	6	-	-	-	6	6	-
Mäkinen	22	10	-	-	-	4	-	-	-	1	-	-	4	-	3
Märtin	20	-	-	-	-	-	3	1	3	2	1	2	-	2	6
Loeb	18	6	-	-	-	-	-	-	2	-	10	-	-	-	-
Bugalski	7	-	-	3	4	-	-	-	-	-	-	-	-	-	-
Rådström	4	-	-	-	-	-	-	-	4	-	-	-	-	-	-
Gardemeister	3	-	-	-	-	-	2	-	-	-	-	-	-	1	-
A.McRae	2	-	2	-	-	-	-	-	-	-	-	-	-	-	-
Thiry	2	-	-	-	-	-	-	-	-	-	2	-	-	-	-
Kankkunen	2	-	-	-	-	-	-	-	-	-	-	-	2	-	-
Eriksson	1	-	-	-	-	-	1	-	-	-	-	-	-	-	-
Loix	1	-	-	-	-	-	-	-	-	-	-	-	1	-	-
Puras	1	-	-	-	-	-	-	-	-	-	-	1	-	-	-
Higgins	1	-	-	-	-	-	-	-	-	-	-	-	-	-	1

MARKEN-WELTMEISTERSCHAFT

	Gesamt	Monte Carlo	Schweden	Korsika	Spanien	Zypern	Argentinien	Akropolis	Safari	Finnland	Deutschland	San Remo	Neuseeland	Australien	Großbritannien
Peugeot	165	4	16	15	16	16	-	9	6	16	16	16	16	16	2
Ford	104	10	6	4	5	2	14	14	14	5	7	5	3	5	10
Subaru	67	12	-	4	4	7	6	2	-	5	2	4	4	4	13
Hyundai	10	-	1	-	-	1	1	1	2	-	-	-	3	-	1
Skoda	9	-	-	-	-	-	5	-	3	-	-	-	-	1	-
Mitsubishi	9	-	3	2	1	-	-	-	1	-	1	1	-	-	-

JUNIOR-WM

	Gesamt	Monte Carlo	Spanien	Akropolis	Deutschland	San Remo	Großbritannien
Sola	37	-	10	3	10	4	10
Dallavila	29	-	6	6	6	10	1
Tuohino	15	-	2	10	-	-	3
Basso	14	-	4	-	-	6	4
Caldani	13	6	-	4	-	3	-
Duval	12	10	1	-	-	1	-
McShea	6	-	-	-	-	-	6
Schelle	5	1	-	-	4	-	-
Galli	5	-	3	-	-	2	-
Feghali	4	4	-	-	-	-	-
Rowe	4	-	-	2	2	-	-
Carlsson	3	3	-	-	-	-	-
Baldacci	3	-	-	-	3	-	-
Doppelreiter	2	2	-	-	-	-	-
Valimäki	2	-	-	-	-	-	2
Foss	1	-	-	1	-	-	-
Katajamäki	1	-	-	-	1	-	-

DIE SPRINTER

Fahrer (Nation)	Fahrzeug	Bestzeiten
Marcus Grönholm (FIN)	Peugeot 206 WRC	54
Richard Burns (GB)	Peugeot 206 WRC	41
Petter Solberg (N)	Subaru Impreza WRC	35
Sebastien Loeb (F)	Citroën Xsara WRC	34
Gilles Panizzi (F)	Peugeot 206 WRC	31
Tommi Mäkinen (FIN)	Subaru Impreza WRC	16
Harri Rovanperä (FIN)	Peugeot 206 WRC	15
Colin McRae (GB)	Ford Focus RS WRC	13
Markko Märtin (EE)	Ford Focus RS WRC	11
Carlos Sainz (E)	Ford Focus RS WRC	5
Thomas Rådström (S)	Citroën Xsara WRC	2
François Duval (B)	Ford Focus RS WRC	1
Freddy Loix (B)	Hyundai Accent WRC	1
Jesus Puras (E)	Citroën Xsara WRC	1
Jani Paasonen (FIN)	Mitsubishi Lancer WRC	1

Führungspositionen

Fahrer (Nation)	Fahrzeug	Wertungsprüfungen in Führung
Marcus Grönholm (FIN)	Peugeot 206 WRC	91
Gilles Panizzi (F)	Peugeot 206 WRC	48
Sebastien Loeb (F)	Citroën Xsara WRC	31
Colin McRae (GB)	Ford Focus RS WRC	26
Richard Burns (GB)	Peugeot 206 WRC	24
Markko Märtin (EE)	Ford Focus RS WRC	14
Tommi Mäkinen (FIN)	Subaru Impreza WRC	8
Petter Solberg (N)	Subaru Impreza WRC	6
Harri Rovanperä (FIN)	Peugeot 206 WRC	3
Carlos Sainz (E)	Ford Focus WRC	1
François Duval (B)	Ford Focus RS WRC	1

GRUPPE N-WM – DIE SIEGER

Rallye	Fahrer/Beifahrer (Nation)	Fahrzeug
Schweden	Sohlberg/Aho (FIN/FIN)	Mitsubishi Lancer Evolution
Korsika	Ferreyros/Vallejo (PE/E)	Mitsubishi Lancer Evolution
Zypern	Singh/Oh (MAL/MAL)	Proton Pert
Argentinien	Ferreyros/Vallejo (PE/E)	Mitsubishi Lancer Evolution
Safari	Singh/Oh (MAL/MAL)	Proton Pert
Finnland	Fiorio/Brambilla (I/I)	Mitsubishi Lancer Evolution
Neuseeland	Sohlberg/Honkanen (FIN/FIN)	Mitsubishi Lancer Evolution
Australien	Arai/Sircombe (J/NZ)	Subaru Impreza

Endstand: 1. Singh, 32; 2. Sohlberg, 26; 3. Ferreyros, 23; 4. Fiorio, 16; 5. Arai, 22; 6. Rowe, 13; 7. Trelles, 12; 8. Iliev, 9; 9. Baldini, Manfrinato und Kollevold, je 4.

ALLE WELTMEISTER

Jahr	Fahrer (Nation)	Fahrzeug	Marken-WM
1973	Jean-Luc Therier (F) *	Renault Alpine	Renault Alpine
1974	Sandro Munari (I) *	Lancia Stratos	Lancia
1975	Hannu Mikkola (FIN) *	Fiat Spyder/Toyota Corolla	Lancia
1976	Sandro Munari (I) *	Lancia Stratos	Lancia
1977	Björn Waldegaard (S) *	Ford Escort RS 1800	Fiat
1978	Markku Alen (FIN) *	Fiat 131 Abarth	Fiat
1979	Björn Waldegaard (S)	Ford Escort/Mercedes 450 SLC	Ford
1980	Walter Röhrl (D)	Fiat 131 Abarth	Fiat
1981	Ari Vatanen (FIN)	Ford Escort RS 1800	Talbot
1982	Walter Röhrl (D)	Opel Ascona 400	Audi
1983	Hannu Mikkola (FIN)	Audi quattro	Lancia
1984	Stig Blomqvist (S)	Audi quattro S1	Audi
1985	Timo Salonen (FIN)	Peugeot 205 Turbo 16	Peugeot
1986	Juha Kankkunen (FIN)	Peugeot 205 Turbo 16	Peugeot
1987	Juha Kankkunen (FIN)	Lancia Delta HF 4WD	Lancia
1988	Miki Biasion (I)	Lancia Delta integrale	Lancia
1989	Miki Biasion (I)	Lancia Delta HF integrale	Lancia
1990	Carlos Sainz (E)	Toyota Celica Turbo 4WD	Lancia
1991	Juha Kankkunen (FIN)	Lancia Delta HF integrale	Lancia
1992	Carlos Sainz (E)	Toyota Celica Turbo 4WD	Lancia
1993	Juha Kankkunen (FIN)	Toyota Celica Turbo 4WD	Toyota
1994	Didier Auriol (F)	Toyota Celica Turbo 4WD	Toyota
1995	Colin McRae (GB)	Subaru Impreza 555	Subaru
1996	Tommi Mäkinen (FIN)	Mitsubishi Lancer Evolution III	Subaru
1997	Tommi Mäkinen (FIN)	Mitsubishi Lancer Evolution IV	Subaru
1998	Tommi Mäkinen (FIN)	Mitsubishi Lancer Evolution V	Mitsubishi
1999	Tommi Mäkinen (FIN)	Mitsubishi Lancer Evolutiion VI	Toyota
2000	Marcus Grönholm (FIN)	Peugeot 206 WRC	Peugeot
2001	Richard Burns (GB)	Subaru Impreza WRC	Peugeot
2002	Marcus Grönholm (FIN)	Peugeot 206 WRC	Peugeot

* Inoffizielle Titelträger, da die Fahrer-Weltmeisterschaft erst 1979 eingeführt wurde.

DIE ERFOLGREICHSTEN MARKEN

1. Lancia . . . . 75 Siege
2. Toyota . . . . 45 Siege
3. Ford . . . . 43 Siege
4. Peugeot . . . . 40 Siege
5. Subaru . . . . 34 Siege
6. Mitsubishi . . . . . 33 Siege
7. Audi . . . . 24 Siege
8. Fiat . . . . 21 Siege
9. Nissan/Datsun . . . 9 Siege
10. Renault . . . . 6 Siege
    Opel . . . . 6 Siege
12. Saab . . . . 4 Siege
    Citroën . . . . 4 Siege

DIE ERFOLGREICHSTEN FAHRER

1. Colin McRae (GB) . . . . 25 Siege
2. Tommi Mäkinen (FIN) . . . 24 Siege
   Carlos Sainz (E) . . . . 24 Siege
4. Juha Kankkunen (FIN) . . . 23 Siege
5. Markku Alen (FIN) . . . . . . 20 Siege
   Didier Auriol (F) . . . . 20 Siege
7. Hannu Mikkola (FIN) . . . . 18 Siege
8. Miki Biasion (I) . . . . 17 Siege
9. Björn Waldegaard (S) . . . . 16 Siege
10. Walter Röhrl (D) . . . . 14 Siege
11. Grönholm (FIN) . . . . 12 Siege
12. Timo Salonen (FIN) . . . . . . 11 Siege
    Stig Blomqvist (S) . . . . 11 Siege
14. Ari Vatanen (FIN) . . . . 10 Siege
    Richard Burns (GB) . . . . . 10 Siege

DIE SIEGER-NATIONEN

1. Finnland . . . . 128 Siege
2. Frankreich . . . . . . 67 Siege
3. Schweden . . . . . . 43 Siege
4. Großbritannien . . 36 Siege
5. Italien . . . . 30 Siege
6. Spanien . . . . 25 Siege
7. Deutschland . . . . . 17 Siege
8. Kenia . . . . 8 Siege
9. Österreich . . . . 2 Siege
   Japan . . . . 2 Siege
11. Kanada . . . . 1 Sieg
    Portugal . . . . 1 Sieg
    Argentinien . . . . 1 Sieg
    Elfenbeinküste . . . . . 1 Sieg
    Norwegen . . . . .1 Sieg

WM-TERMINE 2003

22.-26. Januar	Monte Carlo
5.-9. Februar	Schweden
26. Feb.-2. März	Türkei
9.-13. April	Neuseeland
7.-11. Mai	Argentinien
4.-8. Juni	Akropolis
18.-22. Juni	Zypern
23.-27. Juli	Deutschland
6.-10. August	Finnland
3.-7. September	Australien
1.-5. Oktober	San Remo
15.-19. Oktober	Korsika
22.-26. Oktober	Spanien
5.-9. November	Großbritannien

SCHWEIZER MEISTERSCHAFT

Lyon-Charbonnières (F), 4.-7. April
1. Rousselot/Mondesir (F/F) .... Subaru Impreza .... 1 :55.24,9 Std.
2. Cuoq/Jacq (F/F) .... Peugeot 306 Maxi .... 1.50,8 Min. zur.
3. Marty/Panseri (F/F) .... Renault Mégane Maxi ...... 2.18,8 Min. zur.

Criterium Jurassien (CH), 18.-21. April
1. Burri/Patthey (CH/CH) .... Toyota Corolla WRC ....1:26.55 Std.
2. Jaquillard/Jaquillard (CH/CH) ..... Toyota Corolla WRC .... .40 Sek. zur.
3. Uzzeni/Fappani (CH/I) .... Subaru Impreza WRC ....5.30 Min. zur.

del Ticino (CH), 31. Mai - 2. Juni
1. Burri/Hofmann (CH/CH) .... Toyota Corolla WRC .... 2:09.41,8 Std.
2. Kessel/Bernasconi (CH/CH) ...... Subaru Impreza WRC ....3.03,5 Min. zur.
3. Re/Adamoli (I/I) .... Toyota Corolla WRC .... 3.47,9 Min. zur.

Valli Ossolane (I), 27.-28. Juli
1. Jaquillard/Jaquillard (CH/CH) ..... Toyota Corolla WRC .... 48.26 Min.
2. Uzzeni/Fappani (CH/I) .... Subaru Impreza WRC ....1.12 Min. zur.
3. Sulmoni/Bernasconi (CH/CH) ..... Mitsubishi Lancer Evolution ... 3.14 Min. zur.

Ronde d'Ajoie (CH), 23.-25. August
1. Jaquillard/Jaquillard (CH/CH) ..... Toyota Corolla WRC .... 59.02 Min.
2. Sulmoni/Bernasconi (CH/CH) ..... Mitsubishi Lancer Evolutiion .. 2.44 Min. zur.
3. Schneeberger/Schneeberger (CH/CH) . Ford Sierra Cosworth .... 2.48 Min. zur.

Suran (F), 20.-22. September
1. Jaquillard/Jaquillard (CH/CH) ..... Toyota Corolla WRC .... 58.51 Min.
2. Galfetti/Genovesi (CH/CH) .... Toyota Celica GT-four .... 2.47 Min. zur.
3. Blanchard/Helfer (CH/CH) .... Renault Clio RS2 .... 4.44 Min. zur.

Valais (CH), 17.-20. Oktober
1. Kulig/Baran (PL/PL) .... Ford Focus RS WRC .... 2:57.24,2 Std.
2. Roux/Corthay (CH/CH) .... Ford Focus RS WRC .... 2.02,3 Min. zur.
3. Radoux/Gregoire (B/B) .... Ford Escort WRC .... 2.19,9 Min. zur.

Endstand: 1. Jaquillard, 149 Punkte; 2. Blanchard, 101; 3. Uzzeni, 100; 4. Sulmoni, 92; 5. Galfetti, 81; 6. Burri, 70; 7. Gonon, 68, 8. Beck, 62; 9. Babic, 58, 10. Dussez, 50.

ÖSTERREICHISCHE MEISTERSCHAFT

Burgenland (A), 14.-16. März
1. Stohl/Petrasko (A/A) .... Ford Focus RS WRC .... 1:37.10 Std.
2 Sperrer/Carlsson (A/S) .... Peugeot 206 WRC .... 15 Sek. zur.
3. Gaßner/Thannhäuser (D/D) ..... Mitsubishi Lancer Evolution ... 7.08 Min. zur.
4. Harrach/Gebert (A/A) .... Mitsubishi Lancer Evolution ... 7.40 Min. zur.
5. Zellhofer/Novotny (A/A) .... Mitsubishi Lancer Evolution ... 9.07 Min. zur.

Pirelli-Lavanttal (A), 4.-6. April
1. Sperrer/Carlsson (A/S) .... Peugeot 206 WRC ....2:17.43 Std.
2 de Cecco/Borghese (I/I) .... Ford Focus RS WRC .... 6.34 Min. zur.
3. Zanchi/D'Esposito (I/I) .... Toyota Corolla WRC .... 9.28 Min. zur.
4. Zellhofer/Novotny (A/A) .... Mitsubishi Lancer Evolution ... 9.41 Min. zur.
5. Stengg/Moser (A/A) .... VW Golf TDI (?) .... 10.49 Min. zur.

Pyhrn-Eisenwurzen (A), 3.-4. Mai
1. Sperrer/Carlsson (A/S) .... Peugeot 206 WRC .... 1:38.59 Std.
2 Stohl/Petrasko (A/A) .... Ford Focus RS WRC .... 43 Sek. zur.
3. Zanchi/D'Esposito (I/I) .... Toyota Corolla WRC .... 6.10 Min. zur.
4. R.Zeltner/T.Zeltner (D/D) .... Mitsubishi Lancer Evolution ... 6.13 Min. zur.
5. Harrach/Gebert (A/A) .... Mitsubishi Lancer Evolution ... 6.50 Min. zur.

Bosch Super-4 (A), 24.-25. Mai
1. Sperrer/Carlsson (A/S) .... Peugeot 206 WRC .... 1:02.28 Std.
2 Stohl/Petrasko (A/A) .... Ford Focus RS WRC .... 2.18 Min. zur.
3. Baumschlager/Eichhorner (A/A) . Mitsubishi Lancer Evolution ... 5.14 Min. zur.
4. Gaßner/Thannhäuser (D/D) ..... Mitsubishi Lancer Evolution ... 6.07 Min. zur.
5. Zellhofer/Novotny (A/A) .... Mitsubishi Lancer Evolution ... 7.04 Min. zur.

Castrol (A), 20.-22. Juni
1. Stohl/Petrasko (A/A) .... Ford Focus RS WRC .... 1:52.08 Std.
2 Zanchi/D'Esposito (I/I) .... Toyota Corolla WRC .... 3.27 Min. zur.
3. R.Zeltner/T.Zeltner (D/D) .... Mitsubishi Lancer Evolution ... 3.55 Min. zur.
4. Gaßner/Thannhäuser (D/D) ..... Mitsubishi Lancer Evolution ... 4.05 Min. zur.
5. Kramer/Sappl (A/A) .... Mitsubishi Lancer Evolution ... 4.17 Min. zur.

OMV (A), 5.-7. September
1. Stohl/Petrasko (A/A) .... Ford Focus RS WRC .... 2:04.29,5 Std.
2 Sperrer/Carlsson (A/S) .... Peugeot 206 WRC .... 50,6 Sek. zur.
3. Doppelreiter/Floene (A/N) ..... Seat Cordoba WRC .... 6.56,8 Min. zur.
4. Gaßner/Thannhäuser (D/D) ..... Mitsubishi Lancer Evolution . 9.22,9 Min. zur.
5. R.Zeltner/T.Zeltner (D/D) .... Mitsubishi Lancer Evolution ... 9.55 Min. zur.

ARBÖ Steiermark (A), 11.-12. Oktober
1. Sperrer/Carlsson (A/S) .... Peugeot 206 WRC .... 1:22.42 Std.
2 Stohl/Petrasko (A/A) .... Ford Focus RS WRC .... 27 Sek. zur.
3. Harrach/Müller (A/A) .... Mitsubishi Lancer Evolution ... 8.21 Min. zur.
4. Gaßner/Thannhäuser (D/D) ..... Mitsubishi Lancer Evolution ... 9.09 Min. zur.
5. Kovar/Wassnig (A/A) .... Mitsubishi Lancer Evolution ... 9.30 Min. zur.

Waldviertel (A), 7.-9. November
1. Stohl/Petrasko (A/A) .... Ford Focus RS WRC .... 2.23.11,3 Std.
2 Sperrer/Carlsson (A/S) .... Peugeot 206 WRC .... 1.33,3 Min. zur.
3. Kopecky/Schovaneck (CZ/CZ) .... Toyota Corolla WRC .... 4.10,9 Min. zur.
4. Pech/Uhel (CZ/CZ) .... Ford Focus RS WRC .... 4.16,1 Min. zur.
5. Frycz/Wodniak (PL/PL) .... Toyota Corolla WRC .... 9.20,6 Min. zur.

Endstand: 1. Sperrer, 128, 2. Stohl, 125; 3. Reininger, 46; 4. Zanchi, 39, 5. Resch, 36, 6. Zeltner, 32; 7. Heitzer, 24; 8. T.Wallenwein und Kogler, je 20, 10. Moosleitner, 16.
Gruppe N: 1. Gaßner, 122; 2. Zellhofer, 86; 3. Harrach, 85; 4. Kramer, 65; 5. Kovar, 45.
Diesel-Wertung: 1. Waldherr, 90; 2. Stengg, 80; 3. Hulak, 75.

NATIONALE UND INTERNATIONALE MEISTER

Asien-Pazifik	Karamijt Singh (MAL)	Proton Pert
Europameisterschaft	Renato Travaglia (I)	Peugeot 206 WRC
Australien	Possum Bourne (NZ)	Subaru Impreza WRC
Belgien	Rocco Theunissen (B)	Toyota Corolla WRC
Bulgarien	Nikolay Zlatkov (BG)	Subaru Impreza WRC
Deutschland	Matthias Kahle (D)	Skoda Octavia WRC
Estland	Margus Murakas (EE)	Toyota Corolla WRC
Finnland	Sebastian Lindholm (FIN)	Peugeot 206 WRC
Frankreich	Brice Tirabassi (F)	Citroën Saxo S1600
Großbritannien	Johnny Millner (GB)	Toyota Corolla WRC
Italien	Renato Travaglia (I)	Peugeot 206 WRC
Neuseeland	Bruce Herbert (NZ)	Subaru Impreza STi
Niederlande	Mark Brijer (NL)	Subaru Impreza WRC
Norwegen	Henning Solberg (N)	Toyota Corolla WRC
Österreich	Raphael Sperrer (A)	Peugeot 206 WRC
Polen	Leszek Kuzaj (PL)	Peugeot 206 WRC
Russland	Alexander Lesnikov (RUS)	Subaru Imprzea WRC
Schweiz	Christian Jaquillard (CH)	Toyota Corolla WRC
Schweden	Mats Jonsson (S)	Ford Escort WRC
Südafrika	Jan Habig (ZA)	VW Golf
Spanien (Asphalt)	Jesus Puras (E)	Citroën Xsara WRC
Tschechien	Vaclav Pech (CZ)	Ford Focus RS WRC
Ungarn	Janos Toth (H)	Peugeot 206 WRC
USA	David Higgins (GB)	Subaru Impreza

MARATHON-WELTCUP

Dakar (F), 28. Dezember - 13. Januar (ohne Meisterschafts-Status)
1. Masuoka/Maimon (J/F) .... Mitsubishi Pajero .... 46:11.30 Std.
2. Kleinschmidt/Schulz (D/D) ..... Mitsubishi Pajero .... 22.01 Min. zur.
3. Shinozuka/Delli-Zotti (J/F) ..... Mitsubishi Pajero .... 35.15 Min. zur.
4. Fontenay/Picard (F/F) .... Mitsubishi Pajero .... 1:37.30 Std. zur.
5. Sousa/Jesus (E/E) .... Schlesser Buggy Renault .... 5:20.57 Std. zur.

Italian Baja (I), 14.-17. März
1. Schlesser/Magne (F/F) .... Schlesser Buggy Renault .... 6.21,03 Std.
2. Fontenay/Siviero (F/I) .... Mitsubishi Pajero .... 52 Sek. zur.
3. Shinozuka/Picard (J/F) .... Mitsubishi Pajero .... 7.26 Min. zur.

Tunesien (TN), 6.-14. April
1. Peterhansel/Cottret (F/F) ...... Mitsubishi Pajero .... 17:10.40 Std.
2. Al Mutawi/Schulz (UAE/D) ..... Mitsubishi Pajero .... 1:11.02 Std. zur.
3. Orioli/Pelanconi (I/I) .... Nissan Patrol .... 2:54.38 Std. zur.

Baja Portugal (P), 9.-12. Mai
1. Sousa/Jesus (P/P) .... Mitsubishi L200 .... 11:01.54 Std.
2. Barbosa/Ramalho (P/P) .... Mitsubishi L200 .... 29.11 Min. zur.
3. Khrol/Marzaliouk (RUS/RUS) .... Mitsubishi Pajero .... 33.43 Min. zur.

Marokko (F), 4. - 9. Juni
1. Schlesser/Magne (F/F) .... Schlesser Buggy Renault ...... 13:16.05 Std.
2. Masuoka/Schulz (J/D) .... Mitsubishi Pajero .... 34.13 Min. zur.
3. Rakityansky/Demianenko (RUS/RUS) Mitsubishi Pajero .... 1:56.16 Std. zur.

Baja Espana (E), 18.-21. Juli
1. Schlesser/Comolli (F/F) .... Schlesser Buggy Renault ...... 11:15.22 Std.
2. Sousa/Jesus (P/P) .... Mitsubishi L200 .... 5.13 Min. zur.
3. Monterde/Tornabel (E/E) .... Mitsubishi Pajero .... 23.59 Min. zur.

Master-Rallye (F), 1.-11.August
1. Schlesser/Magne (F/F) .... Schlesser Buggy Renault ..... 26:55.37 Std.
2. Khrol/Marzaliouk (RUS/RUS) .... Mitsubishi Pajero .... 1:06.11 Std. zur.
3. Monterde/Tornabel (E/E) .... Mitsubishi Pajero .... 3:03.16 Std. zur.

Por las Pampas (RA), 16.-21. September
1. Servia/Lurquin (E/B) .... Schlesser Buggy Renault ..... 23:03.46 Std.
2. Khrol/Marzaliouk (RUS/RUS) .... Mitsubishi Pajero .... 1:17.53 Std. zur.
3. Carmona/Carmona (E/E) .... Toyota Landcruiser .... 4:50.15 Std. zur.

UAE Desert Challenge (UAE), 29. Oktober - 2. November
1. Peterhansel/Cottret (F/F) ...... Mitsubishi Pajero .... 15:21.01 Std.
2. Fontenay/Picard (F/F) .... Mitsubishi Pajero .... 42.20 Min. zur.
3. Biasion/Siviero (I/I) .... Mitsubishi Pajero .... 4:22.06 Std. zur.

Endstand: 1. Schlesser, 150 Punkte; 2. Peterhansel, 90; 3. Khrol, 83; 4. Fontenay, 60; 5. Servia, 51; 6. Sousa, 48; 7. Monterde, 34; 8. Al Mutawi und Masuoka, je 27; 10. Rakityansky, 25.

LÄUFE MIT WERTUNGSKOEFFIZIENT 20

Mille Miglia (I), 28.-30. März

1.	Travaglia/Zanella (I/I)	Peugeot 206 WRC	3:18.50,5 Std.
2.	Andreucci/Andreussi (I/I)	Fiat Punto S1600	6.59,3 Min. zur.
3.	Cantamessa/Ciceri (I/I)	Subaru Impreza WRC	7.49,6 Min. zur.

Corte Ingles (E), 11.-13. April

1.	Puras/del Barrio (E/E)	Citroën Xsara WRC	3:09.55,0 Std.
2.	Monzon/Deniz (E/E)	Peugeot 206 WRC	1.16,2 Min. zur.
3.	Alonso/Arencibia (E/E)	Seat Cordoba WRC	2.24,7 Min. zur.

Türkei (TR), 10.-12. Mai

1.	Kulig/Baran (PL/PL)	Ford Focus RS WRC	3:09.13,8 Std.
2.	Warmbold/Price (D/GB)	Toyota Corolla WRC	31,7 Sek. zur.
3.	Dync/Baydar (TR/TR)	Subaru Impreza WRC	10.09,6 Min. zur.

Albena (BG), 24.-26. Mai

1.	Kuzaj/Mombaerts (PL/B)	Toyota Corolla WRC	2:56.57 Std.
2.	Kulig/Baran (PL/PL)	Ford Focus RS WRC	57,1 Sek. zur.
3.	Lesnikov/Rusov (RUS/RUS)	Subaru Impreza WRC	5.32,4 Min. zur.

Polski (PL), 6.-9. Juni

1.	Kulig/Baran (PL/PL)	Ford Focus RS WRC	2:45.39,5 Std.
2.	Czopik/Wronski (PL/PL)	Mitsubishi Lancer Evolution	12.27,6 Min. zur.
3.	Herba/Burkat (PL/PL)	Mitsubishi Lancer Evolution	12.46,9 Min. zur.

Ypern Westhoek (B), 28.-30. Juni

1.	Thiry/Prevot (B/B)	Peugeot 206 WRC	2:54.54,2 Std.
2.	Snijers/Dethier (B/B)	Subaru Impreza WRC	1.55,5 Min. zur.
3.	Theunissen/Genten (B/B)	Toyota Corolla WRC	5.15,9 Min. zur.

Madeira (P), 2.-4. August

1.	Aghini/Roggia (I/I)	Peugeot 206 WRC	3:02.15,2 Std.
2.	Campos/Magalhaes (P/P)	Peugeot 206 WRC	12,1 Sek. zur.
3.	Travaglia/Zanella (I/I)	Peugeot 206 WRC	1.32,9 Min. zur.

Elpa (GR), 31. August - 1. September

1.	Travaglia/Zanella (I/I)	Peugeot 206 WRC	2:27.41,7 Std.
2.	Kyrkos/Polyzois (GR/GR)	Ford Escort WRC	3.56,6 Min. zur.
3.	Kulig/Baran (PL/PL)	Ford Focus RS WRC	4.45,7 Min. zur.

Barum (CZ), 13.-15. September

1.	Travaglia/Zanella (I/I)	Peugeot 206 WRC	2:34.25,3 Std.
2.	Kuzaj/Mombaerts (PL/B)	Peugeot 206 WRC	54,7 Sek. zur.
3.	Kulig/Baran (PL/PL)	Ford Focus RS WRC	3.17,7 Min. zur.

Antibes (F), 25.-27. Oktober

1.	Travaglia/Zanella (I/I)	Peugeot 206 WRC	3:25.57,0 Std.
2.	Kulig/Baran (CZ/CZ)	Peugeot 206 WRC	56,2 Sek. zur.
3.	Unia/Stasica (F/F)	Toyota Corolla WRC	7.58,1 Min. zur.

LÄUFE MIT WERTUNGSKOEFFIZIENT 10

Arctic (FIN), 26.-27. Januar

1.	Pykälistö/Mertsalmi (FIN/FIN)	Toyota Corolla WRC	2:23.40,8 Std.
2.	Välimäki/Gardemeister (FIN/FIN)	Toyota Corolla WRC	49,2 Sek. zur.
3.	Vihavainen/Kaapro (FIN/FIN)	Mitsubishi Carisma GT	1.44,2 Min. zur.

Finnskog (N), 27.-28. Februar

1.	H.Solberg/Menkerud (N/N)	Toyota Corolla WRC	2:07.24,7 Std.
2.	Kolberg/Pettersen (N/N)	Hyundai Accent WRC	3.01,0 Min. zur.
3.	Jensen/Pedersen (N/N)	Ford Escort WRC	3.09,5 Min. zur.

San Marino (RSM), 30. Mai - 1. Juni

1.	Aghini/D'Esposito (I/I)	Peugeot 206 WRC	2:53.52,2 Std.
2.	Cantamessa/Capolongo (I/I)	Subaru Impreza WRC	2.13,9 Min. zur.
3.	Grossi/Borri (I/I)	Ford Focus RS WRC	3.37,9 Min. zur.

Ina Croatia (HR), 13.-15. Juni

1.	Kuzaj/Mombaerts (PL/B)	Toyota Corolla WRC	2:17.53 Std.
2.	Jandik/Chrastecky (CZ/CZ)	Mitsubishi Lancer Evolution	10.28,9 Min. zur.
3.	Kopecky/Schovanek (CZ/CZ)	Mitsubishi Lancer Evolution	11.07,7 Min. zur.

Salento (I), 21.-23. Juni

1.	Travaglia/Zanella (I/I)	Peugeot 206 WRC	2:42.35,9 Std.
2.	Dallavilla/Bernacchini (I/I)	Citroën Saxo S1600	8.22,8 Min. zur.
3.	Galli/Guglielmi (I/I)	Fiat Punto S1600	10.09,2 Min. zur.

Acores (P), 4.-7. Juli

1.	Madeira/Prata (P/P)	Ford Focus RS WRC	2:48.22,3 Std.
2.	Kremer/Schneppenheim (D/D)	Ford Focus RS WRC	54,3 Sek. zur.
3.	Campos/Magalhaes (P/P)	Peugeot 206 WRC	1.52,3 Min. zur.

Valais (CH), 17.-19. Oktober

1.	Kulig/Baran (PL/PL)	Ford Focus RS WRC	2:57.24,2 Std.
2.	Roux/Corthay (CH/CH)	Ford Focus RS WRC	2.02,3 Min. zur.
3.	Radoux/Gregoire (B/B)	Ford Escort WRC	2.19,9 Min. zur.

3-Städte (D), 24.-26. Oktober

1.	Kahle/Göbel (D/D)	Skoda Octavia WRC	2:14.01,3 Std.
2.	Bäcklund/Bosse (S/S)	Mitsubishi Lancer Evolution	1.06,5 Min. zur.
3.	Svedlund/Nilsson (S/S)	Mitsubishi Lancer Evolution	3.46,5 Min. zur.

Waldviertel (A), 7.-9. November

1.	Stohl/Petrasko (A/A)	Ford Focus RS WRC	2:23,11,3 Std.
2.	Sperrer/Carlsson (A/S)	Peugeot 206 WRC	1.33,3 Min. zur.
3.	Kopecky/Schovanec (CZ/CZ)	Toyota Corolla WRC	4.10,9 Min. zur.

LÄUFE MIT WERTUNGSKOEFFIZIENT 5

Boucles de Spa (B), 16.-17. Februar

1.	Cols/Lopes (B/B)	Mitsubishi Lancer Evolution	2:03.10 Std.
2.	Munster/Leyh (B/B)	Subaru Impreza WRC	21 Sek. zur.
3.	Theunissen/Mombaerts (B/B)	Toyota Corolla WRC	1.06 Min. zur.

Ciocco (I), 7.-9. März

1.	Travaglia/Zanella (I/I)	Peugeot 206 WRC	2:21.44,6 Std.
2.	Bandieri/Cecci (I/I)	Subaru Impreza WRC	4.33,6 Min. zur.
3.	Dallavilla/Bernacchini (I/I)	Fiat Punto S1600	6.28,8 Min. zur.

Pneumant (D), 26.-28. April

1.	Kahle/Göbel (D/D)	Skoda Octavia WRC	2:07.04,6 Std.
2.	Wallenwein/Zeitlhofer (D/A)	Mitsubishi Lancer Evolution	5.11,1 Min. zur.
3.	Gaßner/Schrankl (D/D)	Mitsubishi Lancer Evolution	9.28,4 Min. zur.

Hebros (BG), 21.-23. Juni

1.	Donchev/Manolov (BG/BG)	Peugeot 306 Maxi	2:25.12,1 Std.
2.	Zlatkov/Nikolcheva (BG/BG)	Ford Escort Cosworth	4.49,1 Min. zur.
3.	Marinov/Cholakov (BG/BG)	Mitsubishi Lancer Evolution	5.14,9 Min. zur.

Bohemia (CZ), 29.-30. Juni

1.	Kresta/Tomanek (CZ/CZ)	Skoda Octavia WRC	1:56.18,9 Std.
2.	Pech/Uhel (CZ/CZ)	Ford Focus RS WRC	1.39,1 Min. zur.
3.	Hrdinka/Gross (CZ/CZ)	Subaru Impreza WRC	2.16,8 Min. zur.

Rumänien (RO), 19.-21. Juli

1.	Aur/Moraru (RO/RO)	Seat Cordoba WRC	1:42.33,7 Std.
2.	Grigorescu/Dumitriu (RO/RO)	Renault Mégane Maxi	1.39,2 Min. zur.
3.	Stan/Negreanu (RO/RO)	Mitsubishi Lancer Evolution	3.39,8 Min. zur.

Sosser-Sliven (BG), 2.-4. August

1.	Donchev/Manolov (BG/BG)	Peugeot 306 Maxi	2:05.32,1 Std.
2.	Zlatkov/Tomova (BG/BG)	Ford Escort Cosworth	1 Min. zur.
3.	Geradjiev/Popov (BG/BG)	Peugeot 206 S1600	3.51,5 Min. zur.

Alpi Orientali (I), 29.-31. August

1.	de Cecco/Barigelli (I/I)	Subaru Impreza	2:30.57,3 Std.
2.	Papadimitriou/Harriman (GR/IRL)	Ford Focus RS WRC	3.32,3 Min. zur.
3.	Oldrati/Fappani (I/I)	Peugeot 306 Maxi	4.08,4 Min. zur.

Messina (I), 12.-14. September

1.	Ferrecchi/Imerito (I/I)	Peugeot 206 WRC	2:06.54,7 Std.
2.	de Cecco/Barigelli (I/I)	Ford Focus RS WRC	0 Sek. zur.
3.	Riolo/Marin (I/I)	Renault Mégane Maxi	7.19,1 Min. zur.

YU (YU), 13.-15. September

1.	Donchev/Manolov (BG/BG)	Peugeot 206 WRC	1:58.52,2 Std.
2.	Jereb/Kurent (SLO/SLO)	Seat Ibiza Kitcar	2.09,1 Min. zur.
3.	Borsi/Diebel (H/H)	Mitsubishi Lancer Evolution	2.10,3 Min. zur.

Golden Tulip (NL), 20.-22. September

1.	Breijer/van Goor (NL/NL)	Subaru Impreza WRC	1:59.27 Std.
2.	Wevers/Poel (NL/NL)	Toyota Corolla WRC	2.42 Min. zur.
3.	Abbring/van Kessel (NL/NL)	Toyota Celica GT-four	4.08 Min. zur.

Karkonoski (PL), 26.-28. September

1.	Kuzaj/Mombaerts (B/B)	Peugeot 206 WRC	2:12.26,5 Std.
2.	Gabrys/Baran (PL/PL)	Mitsubishi Lancer Evolution	6.49,6 Min. zur.
3.	Dytko/Dytko (PL/PL)	Mitsubishi Lancer Evolution	7.34,6 Min. zur.

Rota do Vidro (P), 26.-28. September

1.	Campos/Magalhaes (P/P)	Peugeot 206 WRC	1:49.03,5 Std.
2.	Madeira/Prata (P/P)	Ford Focus RS WRC	3.08,5 Min. zur.
3.	Lopes/Janela (P/P)	Fiat Punto S1600	8.00,3 Min. zur.

Interspeed (YU), 27.-29. September

1.	Knajzl/Cernohorsky (CZ/CZ)	Skoda Octavia Kitcar	2:06,21,5 Std.
2.	Simic/Jelenic (YU/YU)	Mitsubishi Lancer Evolution	5.31,4 Min. zur.
3.	Kosmopoulos/Alexiadisa (GR/GR)	Peugeot 106 Rally	5.39,6 Min. zur.

Condroz (B), 9.-10. November

1.	Thiry/Prevot (B/B)	Peugeot 206 WRC	2.32.21 Std.
2.	Snijers/Muth (B/B)	Subaru Impreza WRC	3.30 Min. zur.
3.	Wevers/Poel (NL/NL)	Toyota Corolla WRC	7.21 Min. zur.

LÄUFE MIT WERTUNGSKOEFFIZIENT 2

Sumava Mogul (CZ), 14.-16. März

1.	Trojan/Mozny (CZ/CZ)	Toyota Corolla WRC	1:46.47,4 Std.
2.	Stolfa/Cvrckova (CZ/CZ)	Peugeot 306 Maxi	3.39,3 Min. zur.
3.	Pech/Uhel (CZ/CZ)	Ford Focus RS WRC	3.47,7 Min. zur.

Matador Tatry (SK), 12.-14. April

1.	Pech/Uhel (CZ/CZ)	Ford Focus RS WRC	1.41.19,1 Std.
2.	Kopecky/Schovanek (CZ/CZ)	Toyota Corolla WRC	1.51,1 Min. zur.
3.	Re/Adamoli (I/I)	Toyota Corolla WRC	2.07,4 Min. zur.

Targa Florio (I), 20.-21. April

1.	Riolo/Marin (I/I)	Peugeot 306 Maxi	1:45.26,8 Std.
2.	Andreucci/Andreussi (I/I)	Fiat Punto S1600	1.06 Min. zur.
3.	Longhi/Imerito (I/I)	Renault Clio S1600	1.43,8 Min. zur.

Südschweden (S), 23.-26. Mai

1.	H.Solberg/Menkerud (N/N)	Toyota Corolla WRC	1:52.49,5 Std.
2.	Jonsson/Johansson (S/S)	Ford Focus RS WRC	38,1 Sek. zur.
3.	Kolberg/Petterson (N/N)	Hyundai Accent WRC	1.04,9 Min. zur.

Del Ticino (CH), 31. Mai - 1. Juni
1. Burri/Hofmann (CH/CH) .... Toyota Corolla WRC .... 2:09.41,8 Std.
2. Kessel/Bernasconi (CH/CH) ...... Subaru Impreza WRC .... 3.03,5 Min. zur.
3. Re/Adamoli (I/I) .... Toyota Corolla WRC .... 3.47,9 Min. zur.

Kurzeme (LV), 12.-14. Juli
1. Aava/Kitsing (EE/EE) .... Ford Focus RS WRC .... 1:37.17,3 Std.
2. Griazine/Eremeev (RUS/RUS) .... Mitsubishi Lancer Evolution .... 1.12,5 Min. zur.
3. Bucins/Francis (LV/LV) .... Ford Escort Cosworth .... 1.27,5 Min. zur.

San Martino di Castrozza (I), 18.-20. Juli
1. Travaglia/Zanella (I/I) .... Peugeot 206 WRC .... 2:26.35,8 Std.
2. Andreucci/Andreussi (I/I) .... Fiat Punto S1600 .... 4.07,2 Min. zur.
3. Dallavilla/Bernacchini (I/I) ...... Citroën Saxo S1600 .... 4.22 Min. zur.

Budapest (H), 9.-11. August
1. Toth/Toth (H/H) .... Peugeot 206 WRC .... 1:34.57,4 Std.
2. Erdi/Varga (H/H) .... Subaru Impreza WRC .... 1.16,3 Min. zur.
3. Benik/Somogyi (H/H) .... Toyota Corolla WRC .... 2.35,1 Min. zur.

OMV (A), 5.-7. September
1. Stohl/Petrasko (A/A) .... Ford Focus RS WRC .... 2:04.29,5 Std.
2. Sperrer/Carlsson (A/S) .... Peugeot 206 WRC .... 50,6 Sek. zur.
3. Doppelreiter/Floene (A/S) ...... Seat Cordoba WRC .... 6.56,8 Min. zur.

Costa Smeralda (I), 26.-28. September
1. Cantamessa/Capolongo (I/I) ..... Subaru Impreza WRC .... 2:12.53,3 Std.
2. Grossi/Pavesi (I/I) .... Ford Focus RS WRC .... 26,9 Sek. zur.
3. Navarra/Fedeli (I/I) .... Subaru Impreza WRC .... 1.07,1 Min. zur.

Mikona (SK), 5.-6. Oktober
1. Pech/Uhel (CZ/CZ) .... Ford Focus RS WRC .... 1.48.50,3 Std.
2. Kopecky/Schovanek (CZ/CZ) ..... Ford Focus RS WRC .... 32,3 Sek. zur.
3. Vojtech/Ernst (CZ/CZ) .... Toyota Corolla WRC .... 3.34,7 Min. zur.

Kosice (SK), 18.-20. Oktober
1. Cserhalmi/Bodnar (CZ/CZ) ...... Ford Focus RS WRC .... 1.50.21,3 Std.
2. Knajzl/Cernohorsky (CZ/CZ) ..... Skoda Octavia Kitcar .... 3.09,6 Min. zur.
3. Beres/Stary (SK/CZ) .... Seat Ibiza Kitcar .... 3.49,2 Min. zur.

ENDSTAND

Pl.	Fahrer (Nation)	Fahrzeug	Punkte
1.	Renato Travaglia (I)	Peugeot 206 WRC	850
2.	Janusz Kulig (PL)	Ford Focus RS WRC	700
3.	Leszek Kuzaj (PL)	Peugeot 206 WRC	420
4.	Andrea Aghini (I)	Peugeot 206 WRC	300
5.	Jesus Puras (E)	Citroën Xsara WRC	200
	Bruno Thiry (B)	Peugeot 206 WRC	200
	Anthony Wambold (D)	Toyota Corolla WRC	200
8.	Paolo Andreucci (I)	Fiat Punto Super 1600	179
9.	Miguel Campos (P)	Peugeot 206 WRC	160
	Alexander Lesnikov (RUS)	Subaru Impreza WRC	160

BISHERIGE EUROPAMEISTER

1953	Helmut Polensky (D)	Porsche
1954	Walter Schulter (D)	DKW
1955	Walter Engel (D)	Mercedes
1956	Walter Schock (D)	Mercedes
1957	Ruprecht Hopfen (D)	Saab/Borgward
1958	Gunnar Andersson (S)	Volvo
1959	Paul Cotteloni (F)	Citroën/Alfa
1960	Walter Schock (D)	Mercedes
1961	Hans-Joachim Walter (D)	Porsche
1962	Eugen Böhringer (D)	Mercedes
1963	Gunnar Andersson (S)	Volvo
1964	Toma Trana (S)	Volvo
1965	Rauno Aaltonen (FIN)	BMW
1966	Sobieslav Zasada (PL)	Porsche
1967	Vic Elford (GB)	Porsche
1968	Pauli Toivonen (FIN)	Porsche
1969	Harri Kallström (S)	Lancia
1970	Jean-Claude Andruet (F)	Renault
1971	Sobieslav Zasada (PL)	BMW
1972	Raffaele Pinto (I)	Fiat
1973	Sandro Munari (I)	Lancia
1974	Walter Röhrl (D)	Opel
1975	Maurizio Verini (I)	Fiat
1976	Bernard Darniche (F)	Lancia
1977	Bernard Darniche (F)	Lancia
1978	Tony Carello (I)	Lancia
1979	Jochi Kleint (D)	Opel
1980	Antonio Zanini (I)	Porsche/Ford
1981	Adartico Vudafieri (I)	Fiat
1982	„Tony" Fassina (I)	Opel
1983	Miki Biasion (I)	Lancia
1984	Carlo Capone (I)	Lancia
1985	Dario Cerrato (I)	Lancia
1986	Fabrizio Tabaton (I)	Lancia
1987	Dario Cerrato (I)	Lancia
1988	Fabrizio Tabaton (I)	Lancia
1989	Yves Loubet (F)	Lancia
1990	Robert Droogmans (B)	Lancia
1991	Piero Liatti (I)	Lancia
1992	Erwin Weber (D)	Mitsubishi
1993	Pierre-Cesar Baroni (F)	Lancia
1994	Patrick Snijers (B)	Ford
1995	Enrico Bertone (I)	Toyota
1996	Armin Schwarz (D)	Toyota
1997	Krzysztof Holowczyc (PL)	Subaru
1998	Andrea Navarra (I)	Subaru
1999	Enrico Bertone (I)	Renault
2000	Henrik Lundgaard (DK)	Toyota
2001	Armin Kremer (D)	Toyota
2002	Renato Travaglia (I)	Peugeot

DEUTSCHE MEISTERSCHAFT

Oberland (D), 8.-9. März

1.	Kahle/Göbel (D/D)	Skoda Octavia WRC	A	1:21.11,5 Std.
2.	S.Wallenwein/Zeitlhofer (D/A)	Mitsubishi Lancer Evolution	A	2.04,2 Min. zur.
3.	de Cecco/Barigelli (I/I)	Ford Focus RS WRC	A	2.25,0 Min. zur.
4.	Haaf/Kölbach (D/D)	Citroën Saxo S1600	A	3.38,9 Min. zur.
5.	Zanchi/D'Esposito (I/I)	Toyota Corolla WRC	A	3.45,2 Min. zur.
6.	Möckl/Poschner (D/D)	Skoda Octavia Kitcar	A	5.01,8 Min. zur.
7.	Knöbel/A.Schwalié (D/D)	VW Golf Kitcar	A	5.28,0 Min. zur.
8.	Mohe/Gottschalk (D/D)	Renault Mégane Maxi	A	7.39,2 Min. zur.
9.	T.Wallenwein/Hesseler (D/D)	Mitsubishi Lancer Evolution	A	8.04,6 Min. zur.
10.	Dietl/Britzger (D/D)	Mitsubishi Lancer Evolution	N	8.25,8 Min. zur.

Führungspositionen: WP 1-7 Kahle, WP 8 Schelle, WP 9-19 Kahle. **WP-Bestzeiten:** Kahle, 12; Schelle, 4; de Cecco, Mohe und Wallenwein, je 1. **Streckenlänge:** 506.87 km mit 19 WP über 161,14 km. **Start und Ziel:** Schongau (D). **Am Start:** 68 Teilnehmer. **Im Ziel:** 50.

Berlin-Brandenburg (D), 6.-7. April

1.	Kahle/Göbel (D/D)	Skoda Octavia WRC	A	1:30.20,9 Std.
2.	Nittel/Ruf (D/D)	Mitsubishi Lancer Evolution	A	2.00,4 Min. zur.
3.	S.Wallenwein/Zeitlhofer (D/A)	Mitsubishi Lancer Evolution	A	2.21,0 Min. zur.
4.	Gaßner/Schrankl (D/D)	Mitsubishi Carisma GT	N	5.22,3 Min. zur.
5.	Stölzel/Windisch (D/D)	Ford Escort WRC	A	5.32,6 Min. zur.
6.	Haaf/Kölbach (D/D)	Citroën Saxo S1600	A	5.37,8 Min. zur.
7.	de Winkel/van Hoek (NL/NL)	VW Golf Kitcar	A	5.39,1 Min. zur.
8.	Möckl/Poschner (D/D)	Skoda Octavia Kitcar	A	6.33,5 Min. zur.
9.	Gerst/B.Schwalié (D/D)	Skoda Octavia Kitcar	A	7.02,3 Min. zur.
10.	Knöbel/A.Schwalié (D/D)	VW Golf Kitcar	A	7.02,6 Min. zur.

Führungspositionen: WP 1-18 Kahle. **WP-Bestzeiten:** Kahle, 18. **Streckenlänge:** 450 km mit 18 WP über 166 km. **Start:** Zossen (D). **Ziel:** EuroSpeedway (D). **Am Start:** 41 Teilnehmer. **Im Ziel:** 26.

Pneumant (D), 27.-28. April

1.	Kahle/Göbel (D/D)	Skoda Octavia WRC	A	2:07.04,6 Std.
2.	S.Wallenwein/Zeitlhofer (D/A)	Mitsubishi Lancer Evolution	A	5.11,1 Min. zur.
3.	Gaßner/Schrankl (D/D)	Mitsubishi Carisma GT	N	9.28,4 Min. zur.
4.	Mohe/Gottschalk (D/D)	Renault Mégane Maxi	A	14.05,5 Min. zur.
5.	Haaf/Kölbach (D/D)	Citroën Saxo S1600	A	14.18,2 Min. zur.
6.	Hesse/Kunze (D/D)	Mitsubishi Lancer Evolution	N	14.33,5 Min. zur.
7.	Feldmann/Hartmann (D/D)	Mitsubishi Lancer Evolution	N	17.02,8 Min. zur.
8.	Knöbel/A.Schwalié (D/D)	VW Golf Kitcar	A	17.12,1 Min. zur.
9.	Meierholz/Lehmann (D/D)	Mitsubishi Lancer Evolution	N	17.20,2 Min. zur.
10.	Klemund/Zimmermann (D/D)	Ford Escort Cosworth	A	20.48,3 Min. zur.

Führungspositionen: WP 1-21 Kahle. **WP-Bestzeiten:** Kahle, 19; Mohe, 2. **Streckenlänge:** 604 km mit 21 WP über 238,6 km. **Start und Ziel:** Wittenberg (D). **Am Start:** 50 Teilnehmer. **Im Ziel:** 22.

Castrol Thüringen (D), 31. Mai - 1. Juni

1.	Kahle/Göbel (D/D)	Skoda Octavia WRC	A	1:00.55,6 Std.
2.	S.Wallenwein/Zeitlhofer (D/A)	Mitsubishi Lancer Evolution	A	2.48,7 Min. zur.
3.	Knöbel/A.Schwalié (D/D)	VW Golf Kitcar	A	2.58,6 Min. zur.
4.	Möckl/Poschner (D/D)	Skoda Octavia Kitcar	A	3.12,3 Min. zur.
5.	Gaßner/Thannhäuser (D/D)	Mitsubishi Carisma GT	N	3.36,4 Min. zur.
6.	Schleimer/Wenzel (D/D)	Opel Corsa S1600	A	4.55,9 Min. zur.
7.	R.Zeltner/D.Hawranke (D/D)	Mitsubishi Lancer Evolution	N	5.17,3 Min. zur.
8.	Becker/Springmann (D/D)	Nissan Sunny GTI	A	6.55,5 Min. zur.
9.	Corazza/Querengässer (D/D)	Honda Civic R	N	7.36,4 Min. zur.
10.	Haaf/Kölbach (D/D)	Citroën Saxo S1600	A	7.53,6 Min. zur.

Führungspositionen: WP 1 Mohe, WP 2-10 Kahle. **WP-Bestzeiten:** Kahle, 9; Mohe, 1. **Streckenlänge:** 450 km mit 10 WP über 137 km. **Start und Ziel:** Pößneck (D). **Am Start:** 42 Teilnehmer. **Im Ziel:** 35.

KÜS Saarland (D), 28.-29. Juni

1.	S.Wallenwein/Zeitlhofer (D/A)	Mitsubishi Lancer Evolution	A	1:37.38,5 Std.
2.	Kahle/Göbel (D/D)	Skoda Octavia WRC	A	2.36,2 Min. zur.
3.	Gaßner/Schrankl (D/D)	Mitsubishi Carisma GT	N	3.23,2 Min. zur.
4.	Haaf/Kölbach (D/D)	Citroën Saxo S1600	A	3.54,7 Min. zur.
5.	Mohe/Gottschalk (D/D)	Renault Mégane Maxi	A	4.00,3 Min. zur.
6.	Gerst/B.Schwalié (D/D)	Skoda Octavia Kitcar	A	6.14,6 Min. zur.
7.	Färber/Schünemann (D/D)	Mitsubishi Lancer Evolution	N	8.13,0 Min. zur.
8.	Holz/Limbach (D/D)	VW Golf Kitcar	A	8.14,6 Min. zur.
9.	Knöbel/A.Schwalié (D/D)	VW Golf Kitcar	A	9.21,8 Min. zur.
10.	Liebehenschel/Enderle (D/D)	Subaru Impreza 555	N	9.45,1 Min. zur.

Führungspositionen: WP 1-3 Kahle, WP 4-16 Wallenwein. **WP-Bestzeiten:** Kahle, 11; Wallenwein, 3; Mohe und Möckl, je 1. **Streckenlänge:** 499 km mit 16 WP über 166 km. **Start und Ziel:** Merzig (D). **Am Start:** 53 Teilnehmer. **Im Ziel:** 30.

Eifel (D), 20.-21. Juli

1.	Kremer/Schneppenheim (D/D)	Ford Focus RS WRC	A	1:15.40,5 Std.
2.	Kahle/Göbel (D/D)	Skoda Octavia WRC	A	4,7 Sek. zur.
3.	Mohe/Gottschalk (D/D)	Renault Mégane Maxi	A	4.39,4 Min. zur.
4.	Haaf/Kölbach (D/D)	Citroën Saxo S1600	A	5.22,1 Min. zur.
5.	Gaßner/Schrankl (D/D)	Mitsubishi Carisma GT	N	5.43,9 Min. zur.
6.	Möckl/Poschner (D/D)	Skoda Octavia Kitcar	A	5.45,9 Min. zur.
7.	Välimäki/Kaapro (FIN/FIN)	Citroën Saxo S1600	A	6.51,9 Min. zur.
8.	Gerst/Neidhöfer (D/D)	Skoda Octavia Kitcar	A	7.32,6 Min. zur.
9.	Vlaar/van Riemsdijk (NL/NL)	Mitsubishi Lancer Evolution	N	8.19,4 Min. zur.
10.	Hesse/Kunze (D/D)	Mitsubishi Lancer Evolution	N	8.39,5 Min. zur.

Führungspositionen: WP 1-2 Kremer, WP 3 Kahle, WP 4-16 Kremer. **WP-Bestzeiten:** Kremer, 10; Kahle, 6. **Streckenlänge:** 414 km mit 16 WP über 134 km. **Start und Ziel:** Daun (D). **Am Start:** 54 Teilnehmer. **Im Ziel:** 36.

3-Städte (D), 25.-26. Oktober

1.	Kahle/Göbel (D/D)	Skoda Octavia WRC	A	2:14.01,3 Std.
2.	Bäcklund/Bosse (S/S)	Mitsubishi Carisma GT	N	1.06,5 Min. zur.
3.	Svedlund/Nilsson (S/S)	Mitsubishi Lancer Evolution	N	3.47,5 Min. zur.
4.	Gaßner/Schrankl (D/D)	Mitsubishi Carisma GT	N	3.59,6 Min. zur.
5.	Wallenwein/Zeitlhofer (D/A)	Mitsubishi Lancer Evolution	N	6.42,4 Min. zur.
6.	Joge/Stigh (S/S)	Mitsubishi Lancer Evo V	N	8.50,5 Min. zur.
7.	Moosleitner/Entreß (D/D)	Mitsubishi Lancer Evo VI	A	9.45,6 Min. zur.
8.	Kottulinsky/Jansson (S/S)	Mitsubishi Lancer Evo IV	N	11.22,4 Min. zur.
9.	Liebehenschel/Hafner (D/D)	Mitsubishi Carisma GT	N	11.39,2 Min. zur.
10.	Zehetmaier/Breuer (D/D)	Mitsubishi Lancer Evo V	N	12.01,0 Min. zur.

Führungspositionen: WP 1-17 Kahle. **WP-Bestzeiten:** Kahle, 13; Bäcklund, 3; Svedlund, 1. **Streckenlänge:** 613,23 km mit 17 WP über 222,48 km. **Start und Ziel:** Straubing (D). **Am Start:** 78 Teilnehmer. **Im Ziel:** 38.

DIE SIEGER IN DEN DIVISIONEN

Gruppe A über 2000 ccm

Oberland	Kahle/Göbel (D/D)	Skoda Octavia WRC
Berlin-Brandenburg	Kahle/Göbel (D/D)	Skoda Octavia WRC
Pneumant I	Kahle/Göbel (D/D)	Skoda Octavia WRC
Pneumant II	Kahle/Göbel (D/D)	Skoda Octavia WRC
Castrol	Kahle/Göbel (D/D)	Skoda Octavia WRC
Saarland	Wallenwein/Zeitlhofer (D/A)	Mitsubishi Lancer Evolution
Eifel	Kremer/Schneppenheim (D/D)	Ford Focus RS WRC
3-Städte I	Kahle/Göbel (D/D)	Skoda Octavia WRC
3-Städte II	Kahle/Göbel (D/D)	Skoda Octavia WRC

Gruppe A bis 2000 ccm

Oberland	Möckl/Poschner (D/D)	Skoda Octavia Kitcar
Berlin-Brandenburg	de Winkel/van Hoek (NL/NL)	VW Golf Kitcar
Pneumant I	Mohe/Gottschalk (D/D)	Renault Mégane Maxi
Pneumant II	Mohe/Gottschalk (D/D)	Renault Mégane Maxi
Castrol	Knöbel/A.Schwalié (D/D)	VW Golf Kitcar
Saarland	Mohe/Gottschalk (D/D)	Renault Mégane Maxi
Eifel	Mohe/Gottschalk (D/D)	Renault Mégane Maxi
3-Städte I	Mohe/Uhlig (D/D)	Renault Mégane Maxi
3-Städte II	(kein Fahrer in Wertung)	

Gruppe A bis 1600 ccm

Oberland	Haaf/Kölbach (D/D)	Citroën Saxo S1600
Berlin-Brandenburg	Haaf/Kölbach (D/D)	Citroën Saxo S1600
Pneumant I	Haaf/Kölbach (D/D)	Citroën Saxo S1600
Pneumant II	Haaf/Kölbach (D/D)	Citroën Saxo S1600
Castrol	Schleimer/Wenzel (D/D)	Opel Corsa S1600
Saarland	Haaf/Kölbach (D/D)	Citroën Saxo S1600
Eifel	Haaf/Kölbach (D/D)	Citroën Saxo S1600
3-Städte I	Katajamäki/Niukkanen (FIN/FIN)	VW Polo Super 1600
3-Städte II	Haaf/Kölbach (D/D)	Citroën Saxo S1600

Gruppe N über 2000 ccm

Oberland	Dietl/Britzger (D/D)	Mitsubishi Lancer Evolution
Berlin-Brandenburg	Gaßner/Schrankl (D/D)	Mitsubishi Lancer Evolution
Pneumant I	Gaßner/Schrankl (D/D)	Mitsubishi Lancer Evolution
Pneumant II	Gaßner/Schrankl (D/D)	Mitsubishi Lancer Evolution
Castrol	Gaßner/Thannhäuser (D/D)	Mitsubishi Lancer Evolution
Saarland	Gaßner/Schrankl (D/D)	Mitsubishi Lancer Evolution
Eifel	Gaßner/Schrankl (D/D)	Mitsubishi Lancer Evolution
3-Städte I	Bäcklund/Bosse (S/S)	Mitsubishi Lancer Evolution
3-Städte II	Bäcklund/Bosse (S/S)	Mitsubishi Lancer Evolution

Gruppe N bis 2000 ccm

Oberland	Corazza/Querengässer (D/D)	Honda Civic R
Berlin-Brandenburg	Corazza/Querengässer (D/D)	Honda Civic R
Pneumant I	Corazza/Querengässer (D/D)	Honda Civic R
Pneumant II	Corazza/Querengässer (D/D)	Honda Civic R
Castrol	Corazza/Querengässer (D/D)	Honda Civic R
Saarland	Corazza/Querengässer (D/D)	Honda Civic R
Eifel	Rotter/Schmidt (D/D)	Opel Astra OPC
3-Städte I	Andersson/Andersson (S/S)	Renault Clio
3-Städte II	Vasiljevic/Geipel (D/D)	VW Polo 16V

DEUTSCHE RALLYE-MEISTERSCHAFT

Fahrer	Gesamt	Oberland	Berlin	Pneumant	Castrol	Saarland	Eifel	3-Städte
Kahle	300	40	40	60	40	30	30	60
Gaßner	207	–	30	52	28	32	28	37
Haaf	200	30	26	48	16	30	30	20
S.Wallenwein	199	30	24	45	30	40	–	30
Corazza	149	20	20	40	22	20	15	12
Mohe	145	15	–	50	–	28	32	20
Möckl	127	26	18	22	25	–	21	15
Knöbel	119	19	11	33	32	12	–	12
Rotter	80	–	15	–	15	–	20	30
Hesse	77	–	12	36	6	10	13	–
Schleimer	71	–	–	30	26	–	–	15
Zehetmaier	66	12	6	22	8	–	8	10
Grewe	61	–	12	–	10	–	12	27
Stapel	60	10	8	30	4	–	–	8
Gerst	60	–	14	–	–	21	15	10
Holz	57	10	–	22	–	15	10	–
Liebehenschel	50	10	8	–	12	13	–	7
Knorr	48	8	10	20	10	–	–	–
Dietl	47	21	10	6	10	–	–	–
Höhner	46	15	12	–	–	15	–	4
Klemund	35	–	–	25	10	–	–	–
Amm	35	3	–	–	–	10	12	10
Sagerer	32	12	–	12	–	8	–	–
Nittel	30	–	30	–	–	–	–	–
Zeltner	23	–	4	–	19	–	–	–
Katajamäki	20	–	–	–	–	–	–	20
Stölzel	18	–	18	–	–	–	–	–
Birr	15	–	15	–	–	–	–	–
Knüpfer	14	2	–	–	12	–	–	–
Klein	13	–	3	10	–	–	–	–
Wozniak	12	–	–	12	–	–	–	–
Steudten	12	6	–	–	–	–	6	–
Mysliewitz	11	–	–	6	3	2	–	–
Kunze	6	–	–	–	–	6	–	–
Rogoß	2	–	–	–	2	–	–	–
Jostes	1	1	–	–	–	–	–	–

JUNIOR DM

Fahrer	Gesamt	Oberland	Berlin	Pneumant	Castrol	Saarland	Eifel	3-Städte
Haaf	56	10	10	10	6	10	10	6
Schleimer	16	–	–	6	10	–	–	–
Katajamäki	0	–	–	–	–	–	–	–

MARKEN DM

Marke	Gesamt	Oberland	Berlin	Pneumant	Castrol	Saarland	Eifel	3-Städte
Skoda	448	66	58	82	65	51	51	75
Citroën	280	36	41	48	26	40	42	47
Opel	201	12	23	60	41	–	20	45

DEUTSCHE RALLYE CHALLENGE

Welfen (D), Region Nord, 22.-23. März

1.	Richert/Gottschalk (D/D)	Ford Escort Cosworth	1:14.54 Std.
2	Feigenspan/Feigenspan (D/D)	VW Golf GTI	1.21 Min. zur.
3.	Blankenburg/Schädel (D/D)	BMW M3	1.23 Min. zur.
4.	Potthast/Pernsch (D/D)	Ford Escort RS	1.43 Min. zur.
5.	Nielsen/Worm (DK/D)	Opel Corsa Kitcar	2.05 Min. zur.

Ostbayern (D), Region Süd, 22.-23. März

1.	M.Moufang/Walch (D/D)	BMW M3	48.18,4 Min.
2	Möckl/Poschner (D/D)	Skoda Octavia Kitcar	21,1 Sek. zur.
3.	N.Moufang/Frenzel (D/D)	Opel Kadett C	1.15,5 Min. zur.
4.	Gaßner/Thannhäuser (D/D)	Mitsubishi Lancer Evolution	1.15,8 Min. zur.
5.	Kübler/Seeger (D/D)	Mitsubishi Lancer Evolution	1.41 Min. zur.

Vogelsberg (D), Region Süd, 12.-13. April

1.	Kübler/Seeger (D/D)	Mitsubishi Lancer Evolution	1:03.05 Std.
2	Soerensen/Frederiksen (DK/DK)	Peugeot 106 Maxi	3 Sek. zur.
3.	N.Moufang/Frenzel (D/D)	Opel Kadett C	9 Sek. zur.
4.	Stadler/Schrankl (D/D)	VW Golf	2.22 Min. zur.
5.	Rausch/Reith (D/D)	Opel Ascona B	2.48 Min. zur.

Sulingen (D), Region Nord, 3.-4. Mai

1.	Holz/A.Schwalie (D/D)	VW Golf Kitcar	1:16.25 Std.
2	Weijs/Raven (NL/NL)	VW Golf Kitcar	19 Sek. zur.
3.	Göttig/Barchfeld (D/D)	Mitsubishi Lancer Evolution	1.08 Min. zur.
4.	Melgaard/Heick (DK/DK)	Mitsubishi Lancer Evolution	1.11 Min. zur.
5.	Osterhaus/Heger (D/D)	Mazda 323 GTR	3.04 Min. zur.

Coburg (D), Region Süd, 21.-22. Juni

1.	M.Moufang/Walch (D/D)	BMW M3	50.55,6 Min.
2	N.Moufang/Hähner (D/D)	Opel Kadett C	1.21,3 Min. zur.
3.	M.Stoschek/Klemme (D/D)	Mitsubishi Lancer Evolution	2.56,2 Min. zur.
4.	Alexy/Barchfeld (D/D)	Audi quattro	2.58,5 Min. zur.
5.	M.Fahrner/W.Fahrner (D/D)	Opel Kadett C	4.04,8 Min. zur.

Wartburg(D), Region Nord und Süd, 9.-10. August

1.	Schelle/Fuchs (D/D)	Ford Escort WRC	38.07 Min.
2	N.Moufang/Frenzel (D/D)	Opel Kadett C	1.50 Min. zur.
3.	Rausch/Reith (D/D)	Opel Ascona B	3.39 Min. zur.
4.	Müller/Wüstenhagen (D/D)	Mitsubishi Lancer Evolution	3.45 Min. zur.
5.	Klemund/Zimmermann (D/D)	Ford Escort Cosworth	3.49 Min. zur.

Neustadt (D), Region Nord, 6.-7. September

1.	N.Moufang/Frenzel (D/D)	Opel Kadett C	47.38 Min.
2	Brink/Benstrup (DK/DK)	Peugeot 306 Maxi	32 Sek. zur.
3.	Holz/Limbach (D/D)	VW Golf Kitcar	1.46 Min. zur.
4.	Mellquist/Jansson (S/S)	Mitsubishi Lancer Evolution	2.20 Min. zur.
5.	Schütte/David (D/D)	Renault Clio 16V	2.26 Min. zur.

Niederbayern (D), Region Süd, 13.-14. September

1.	M.Moufang/Walch (D/D)	BMW M3	29.44,6 Min.
2	Möckl/Poschner (D/D)	Skoda Octavia Kitcar	46,1 Sek. zur.
3.	N.Moufang/Hähner (D/D)	Opel Kadett	1.07 Min. zur.
4.	Werner/Kroll (D/D)	Mitsubishi Lancer Evolution	2.00,6 Min. zur.
5.	Alexy/Schmidt (D/D)	Audi quattro	2.06,1 Min. zur.

Erzgebirge (D), Endlauf, 27.-28. September

1.	R.Zeltner/P.Zeltner (D/D)	Mitsubishi Lancer Evolution	54.07 Min.
2.	Mohe/Uhlig (D/D)	Renault Mégane Maxi	1.04 Min. zur.
3.	Werner/ Winklhofer (D/D)	Mitsubishi Lancer Evolution	1.42 Min. zur.
4.	Kübler/Seeger (D/D)	Mitsubishi Lancer Evolution	2.41 Min. zur.
5.	Alexy/Schmidt(D/D)	Audi S2 Quattro	2.52 Min. zur.

Schleswig-Holstein (D), Endlauf, 18.-19. Oktober

1.	M.Moufang/Walch (D/D)	BMW M3	49.02 Min.
2.	Kübler/Seeger (D/D)	Mitsubishi Lancer Evolution	2.16 Min. zur.
3.	Alexy/Knaus (D/D)	Audi S2 Quattro	2.30 Min. zur.
4.	Schütt/ Willmann (D/D)	Ford Escort RS 2000	3.55 Min. zur.
5.	Blankenburg/Schädel (D/D)	BMW M3	4:09 Min. zur.

Endstand: 1. Haupt, 140 Punkte; 2. Tröger, 137; 3. Holz, 130; 4. Kübler; 127; 5. N.Moufang, 110; 6. Alexy, 107; 7. Nielsen, 102; 8. M.Moufang, 100; 9. Prillwitz, 99; 10. Blankenburg, Vasiljevic, Wiegand und Wolfrum, je 75.

ADAC RALLYE JUNIOR CUP

Oberland (D), 8.-9. März

1.	Steudten/Baab (D/D)	Citroën Saxo VTS	1:34.21,2 Std.
2	Vasiljevic/Geipel (D/D)	VW Polo 16V	16,3 Sek. zur.
3.	Amm/Tonn (D/D)	Citroën Saxo VTS	51,5 Sek. zur.
4.	Jostes/Söbke (D/D)	Citroën Saxo VTS	1.25,7 Min. zur.
5.	Vollak/Steinborn (D/D)	VW Polo 16V	3.16,8 Min. zur.

Vogelsberg (D), 12.-13. April

1.	Vasiljevic/Geipel (D/D)	VW Polo 16V	1:07.01 Std.
2	Amm/Tonn (D/D)	Citroën Saxo VTS	27 Sek. zur.
3.	Senz/Klemme (D/D)	VW Polo 16V	1.55 Min. zur.
4.	Prillwitz/Steinborn (D/D)	VW Polo 16V	3.34 Min. zur.
5.	Burgard/Schneider (D/D)	VW Polo 16 V	4.18 Min. zur.

Sulingen (D), 3.-4. Mai

1.	Jostes/Söbke (D/D)	Citroën Saxo VTS	1:20.03 Std.
2	Amm/Tonn (D/D)	Citroën Saxo VTS	1.15 Min. zur.
3.	Vasiljevic/Geipel (D/D)	VW Polo 16V	1.17 Min. zur.
4.	Vollak/Grimberg (D/D)	VW Polo 16V	1.40 Min. zur.
5.	Prillwitz/Steinborn (D/D)	VW Polo 16V	3.55 Min. zur.

Saarland (D), 28.-29. Juni

1.	Amm/Tonn (D/D)	Citroën Saxo VTS	1:52.56,6 Std.
2	Vasiljevic/Geipel (D/D)	VW Polo 16V	51,7 Sek. zur.
3.	Kunze/Rakowicz (D/D)	Citroën Saxo VTS	1.08,6 Min. zur.
4.	Vollak/Grimberg (D/D)	VW Polo 16V	1.17,5 Min. zur.
5.	Prillwitz/Steinborn (D/D)	VW Polo 16V	2.26,6 Min. zur.

Eifel (D), 19.-20. Juli

1.	Amm/Tonn (D/D)	Citroën Saxo VTS	1:29.05,4 Std.
2	Steudten/Baab (D/D)	Citroën Saxo VTS	1.07,0 Min. zur.
3.	Fahrner/Enderle (D/D)	VW Polo 16V	1.20,1 Min. zur.
4.	Burgard/Schneider (D/D)	VW Polo 16V	2.10,5 Min. zur.
5.	Goebbels/Bränzel (D/D)	Citroën Saxo VTS	4.13,1 Min. zur.

Wartburg (D), 9.-10. August

1.	Vollak/Grimberg (D/D)	VW Polo 16V	43.00 Min.
2	Fahrner/Enderle (D/D)	VW Polo 16V	25 Sek. zur.
3.	Vasiljevic/Geipel (D/D)	VW Polo 16V	27 Sek. zur.
4.	Steudten/Baab (D/D)	Citroën Saxo VTS	33 Sek. zur.
5.	Jostes/Söbke (D/D)	Citroën Saxo VTS	1.15 Min. zur.

Niederbayern (D), 13.-14. September

1.	Steudten/Dietl (D/D)	Citroën Saxo VTS	33.33,0 Min.
2	Vasiljevic/Geipel (D/D)	VW Polo 16V	23,8 Sek. zur.
3.	Fahrner/Enderle (D/D)	VW Polo 16V	29,3 Sek. zur.
4.	Amm/Höch (D/D)	Citroën Saxo VTS	43 Sek. zur.
5.	Senz/Geilhausen (D/D)	VW Polo 16V	1.09,4 Min. zur.

Schleswig-Holstein (D), 18.-19. Oktober

1.	Vasiljevic/Geipel (D/D)	VW Polo 16V	53.27 Min.
2	Steudten/Baab (D/D)	Citroën Saxo VTS	35 Sek. zur.
3.	Amm/Tonn (D/D)	Citroën Saxo VTS	50 Sek. zur.
4.	Prillwitz/Grimberg (D/D)	VW Polo 16V	1.04 Min. zur.
5.	Vollak/Kroll (D/D)	VW Polo 16V	1.11 Min. zur.

Endstand: 1. Amm, 146 Punkte; 2. Vasiljevic, 144; 3. Steudten, 113; 4. Prillwitz, 87; 5. Vollak, 81; 6. Jostes, 80; 7. Burgard, 78; 8. Senz, 69; 9. Fahrner, 54; 10. Kunze, 42.

VW POLO CHALLENGE

Oberland (D), 8.-9. März

1.	Vasiljevic/Geipel (D/D)	VW Polo 16V	1:34.37,5 Std.
2.	Kohlmann/Pütz (D/D)	VW Polo 16V	2.51,4 Min. zur.
3.	Vollak/Steinborn (D/D)	VW Polo 16V	3.00,6 Min. zur.

Vogelsberg (D), 12.-13. April

1.	Vasiljevic/Geipel (D/D)	VW Polo 16V	1:07.01 Std.
2.	Sarazin/Hosse (D/D)	VW Polo 16V	1.41 Min. zur.
3.	Senz/Klemme (D/D)	VW Polo 16V	1.55 Min. zur.

Sulingen (D), 3.-4. Mai

1.	Vasiljevic/Geipel (D/D)	VW Polo 16V	1:21.26 Std.
2.	Kohlmann/Pütz (D/D)	VW Polo 16V	6 Sek. zur.
3.	Vollak/Grimberg (D/D)	VW Polo 16V	23 Sek. zur.

Südschweden (S), 24.-26. Mai

1.	Senz/Klemme (D/D)	VW Polo 16V	2:20.03,9 Std.
2.	Bengtsson/Sperl (S/D)	VW Polo 16V	1.51,1 Min. zur.
3.	Hermannsson/Elofsson (S/S)	VW Polo 16V	2.49,6 Min. zur.

Saarland (D), 28.-29. Juni

1.	Vasiljevic/Geipel (D/D)	VW Polo 16V	1:53.48,3 Std.
2.	Vollak/Grimberg (D/D)	VW Polo 16V	25,8 Sek. zur.
3.	Prillwitz/Steinborn (D/D)	VW Polo 16V	1.34,9 Min. zur.

Eifel (D), 19.-20. Juli

1.	Fahrner/Enderle (D/D)	VW Polo 16V	1:30.25,5 Std.
2.	Burgard/Schneider (D/D)	VW Polo 16V	50,4 Sek. zur.
3.	Söderqvist/Söderqvist (S/S)	VW Polo 16V	1.56,2 Min. zur.

Wartburg (D), 9.-10. August

1.	Vollak/Grimberg (D/D)	VW Polo 16V	43.00 Min.
2	Fahrner/Enderle (D/D)	VW Polo 16V	25 Sek. zur.
3.	Vasiljevic/Geipel (D/D)	VW Polo 16V	27 Sek. zur.

Niederbayern (D), 13.-14. September

1.	Vasiljevic/Geipel (D/D)	VW Polo 16V	33.56,8 Min.
2.	Fahrner/Enderle (D/D)	VW Polo 16V	5,5 Sek. zur.
3.	Senz/Geilhausen (D/D)	VW Polo 16V	37,6 Sek. zur.

Schleswig-Holstein (D), 18.-19. Oktober

1.	Vasiljevic/Geipel (D/D)	VW Polo 16V	53.27 Min.
2.	Prillwitz/Grimberg (D/D)	VW Polo 16V	1.04 Min. zur.
3.	Vollak/Kroll (D/D)	VW Polo 16V	1.11 Min. zur.

3-Städte (D), 1.-2. November

1.	Vasiljevic/Geipel (D/D)	VW Polo 16V	2:35.55,5 Std.
2	Fahrner/Enderle (D/D)	VW Polo 16V	1.44,9 Min. zur.
3.	Szarama/Siebielec (PL/PL)	VW Polo 16V	4.35,2 Min. zur.

Endstand: 1. Vasiljevic, 224 Punkte; 2. Vollak, 157; 3. Senz, 154; 4. Prillwitz, 147; 5. Kohlmann, 146; 6. Burgard, 128; 7. Sarazin, 122; 8. Fahrner, 116; 9. Bengtson, 106; 10. Aust, 82.

Wohin steuert die Rallye-WM? In der Saison 2003 gibt es einen neuen WM-Lauf in der Türkei. Erstmals bestreitet außerdem Neueinsteiger Citroën ein komplettes WM-Programm